Värdebaserat Ledarskap

Henrik Pettersson

Värdebaserat Ledarskap

Förlag: BoD · Books on Demand, Östermalmstorg 1,
114 42 Stockholm, Sverige, bod@bod.se
Tryck: Libri Plureos GmbH, Friedensallee 273, 22763 Hamburg, Tyskland
ISBN: 978-91-8114-694-3

Förord – Konsten att Leda med Värderingar

»Att styra världen börjar med att styra sig själv.«
– Lao Tzu

Den bästa ledaren är inte den som talar högst, utan den som lyssnar djupast. Inte den som styr med järnhand, utan den som leder med lätthet. Den här boken är en inbjudan att utforska vad det verkligen innebär att vara en värdebaserad ledare – att kombinera uråldrig visdom med modern ledarskapsteori för att skapa hållbara resultat och meningsfull påverkan.

Att leda handlar om att skapa rörelse utan att tvinga, att uppnå utan att kräva och att vara en katalysator för förändring. Men ledarskap börjar alltid inom dig själv. Om du inte kan styra dig själv, varför skulle någon annan vilja följa dig? Därför börjar vi med grunden: självledarskap. Därefter utforskar vi hur du kan stötta andra att växa, skapa förtroende och bygga starka relationer. Slutligen tar vi steget vidare till att leda en verksamhet – med vision, tydlighet och värderingar som navet i allt du gör.

Jag heter Henrik Pettersson och min största drivkraft är att hjälpa ledare upptäcka och utveckla sin inre styrka, så att de kan bli både modiga förebilder och framgångsrika förändringsledare. Sedan 2004 har jag haft privilegiet att coacha och inspirera individer och team, från nybörjare till erfarna topppresterare, inom områden som (själv)ledarskap, försäljning och personlig utveckling.

Med över 20 års erfarenhet och tusentals coach samtal bakom mig, har jag fått en djup förståelse för de utmaningar och möjligheter som ledare möter. Jag har lärt mig att framgång inte handlar om att alltid ha alla svar, utan om att våga vara mänsklig, att aldrig sluta lära och att ständigt hålla fast vid hoppet – även när vägen är som svårast.

För mig handlar ledarskap om att skapa äkta förändring, både inom sig själv och i sin omgivning. Det är en resa som kräver mod, ödmjukhet och tro på att det är möjligt. Den resan är inte bara mitt arbete, utan min passion och mitt kall.

Den här boken är din karta – eller kanske snarare din GPS – som stöd för att navigera ledarskapets landskap på DITT sätt. Den är uppdelad i tre avgörande delar, så att du kan ta en insikt i taget:

1. **Att Leda sig Själv** Börja med dig själv. Stärk din självkännedom, ta ansvar för dina val och skapa ett inre lugn som smittar av sig på andra.
2. **Att Leda Andra** Bygg förtroende, inspirera och hjälp människor att växa. Ditt ledarskap är som starkast när du lyfter andra.
3. **Att Leda Verksamheten** Definiera en vision som engagerar hela organisationen. Skapa tydlighet och en kultur av samarbete och framgång.

Den här handboken är designad för att inte bara ge dig nya insikter utan också för att förankra dem i din vardag. Du kommer att märka att vi ibland återkommer till vissa teman och principer. Detta är ingen slump. Det är för att allt i ledarskap är sammanflätat. Självledarskap, att leda andra och att leda verksamheten är som tre sammanhängande kretsar – de påverkar och förstärker varandra. Repetition är nyckeln till fördjupning och verklig förändring.

Sanningen är att livet som ledare är ett ekosystem där du skördar det du sår. Är du redo att ta ansvar för din utveckling och nå din fulla potential? Den här boken är inte bara trycksvärta på papper – den är din personliga actionplan. Tillsammans ska vi skapa kraft, klarhet och syfte i ditt ledarskap.

Så... öppna boken, öppna ditt sinne, och öppna dörren till din fulla potential.

Nu kör vi!

/Henrik

Inte bara en bok
– En handbok för ditt ledarskap

Värdebaserat Ledarskap« är inte bara en bok, det är din kompass och vägledning för att utvecklas som ledare på alla plan. Den hjälper dig att balansera rationella beslut med känslomässig insikt och ger dig kraftfulla verktyg för att reflektera över hur du leder dig själv, andra och din verksamhet.

Boken är uppdelad i tre delar som belyser de viktigaste aspekterna av hållbart och framgångsrikt ledarskap:

Del 1: Leda sig själv
- Utforska dina värderingar och innersta drivkrafter.
- Lev autentiskt och i linje med det du brinner för.
- Odla en stark framtidstro och självledarskap.

Del 2: Leda andra
- Inspirera och skapa positiv energi kring dig.
- Behärska konsten att argumentera övertygande och utöva positivt inflytande.
- Bygg en inkluderande kultur som driver utveckling och tillit.

Del 3: Leda verksamheten
- Sätt tydliga mål och en klar strategi.
- Agera handlingskraftigt och lösningsorienterat.
- Prioritera proaktivt för långsiktig framgång och hållbarhet.

De tre delarna bygger på frågeställningar som hjälper dig att bli en mer medveten, inspirerande och handlingskraftig ledare. Den här boken handlar inte bara om att identifiera utmaningar, utan om att skapa kraftfulla lösningar och stärka din förmåga att leda med energi, tydlighet och fokus.

Med denna karta och kompass i handen är du redo att ta de första stegen mot ett mer värdebaserat ledarskap och att skapa hållbara resultat – för dig själv, ditt team och din verksamhet.

Del 1: Leda sig själv – Bergfast grund

Introduktion

Att känna sig själv – nyckeln till sant ledarskap

Lao Tzu säger att den som känner andra är klok, men den som känner sig själv är vis. Och visst, det är enkelt att spendera all sin tid på att analysera andra – medarbetare, kunder, konkurrenter, till och med grannen som alltid parkerar snett. Men om du inte känner dig själv, vem leder du egentligen? En förvirrad version av dig själv, driven av autopilot och kaffe?

Att känna sig själv är inte bara en trevlig tanke att klottra i marginalen av en självhjälpsbok. Det är grundpelaren i värdebaserat ledarskap. För hur ska du kunna leda andra om du inte vet vad du själv står för? Om du inte har koll på dina egna triggers, dina värderingar eller vad som faktiskt får dig att tappa humöret på ett Teams-möte?

Självinsikt – ett oumbärligt verktyg (och ja, det är jobbigt)

Vill du skapa starka resultat och samtidigt behålla din integritet? Börja med att titta i spegeln. Som Michael Jacksons slagdängare; »if you want to make the world a better place, take a look at yourself and make the change«. Verklig styrka handlar inte om att alltid ha rätt eller att dominera rummet. Det handlar om att våga stanna upp och fundera: *Varför reagerade jag så? Vad är egentligen viktigt här? Och nej, är det verkligen nödvändigt att vinna just den här diskussionen om PowerPoint-temat?*

Självinsikt handlar om modet att erkänna både sina styrkor och sina svagheter. För en ledare är det här ovärderligt. Att veta när du ska stå stadigt och när du ska kliva tillbaka kräver mer än bara magkänsla – det kräver en förankring i dina egna värderingar.

8

Att övervinna sig själv – den största segern

Lao Tzu påminner oss om att den största segern inte är att besegra andra, utan att övervinna oss själva. Och låt oss vara ärliga – att hantera våra egna känslor och impulser är ofta en större utmaning än att hantera andra. Det är lätt att ryckas med av stress, deadlines eller frestelsen att säga: »*Jag gör det själv, det går snabbare så.*«

Men ledarskap handlar inte om att göra allt själv. Det handlar om att skapa en miljö där andra kan lyckas. När du lär dig att övervinna dina egna reaktioner och istället agera med lugn och tydlighet, blir du inte bara en bättre ledare – du blir också en förebild för ditt team.

Styrkan i att känna sin väg

När du känner dig själv och håller fast vid dina värderingar, blir du som ett träd med djupa rötter: stabil, flexibel och omöjlig att rubba. Att leva och leda utifrån sitt syfte skapar inte bara hållbara resultat, det skapar också en känsla av mening. Och ärligt talat, vem vill inte ha ett ledarskap som både inspirerar och får saker att hända?

Så, fråga dig själv: Är du redo att möta dig själv? För om du är det, kommer du också att vara redo att möta världen – och leda den, på ditt eget sätt.

Innehållsförteckning

Kapitel 1: Karaktär, Självkännedom och Mod – Grunden för Självledarskap

Att leda andra börjar alltid med att leda sig själv. Självledarskap handlar om att bygga en stark karaktär och få en djup självkännedom. Som ledare måste du veta vad du står för och ha modet att stå fast vid det, oavsett situation.

Självkännedom: Din grundpelare

Självkännedom är insikten om dina styrkor, svagheter, triggers och värderingar. Den ger dig klarhet och trygghet i ditt beslutsfattande. Som Lao Tzu säger: »Den som känner andra är klok, men den som känner sig själv är vis.«

Bygg en stark karaktär

Karaktär handlar om att vara pålitlig och agera med integritet. Nelson Mandela sammanfattade det väl: »Jag är herre över mitt öde, och kapten över min själ.« Som ledare måste du bygga en stabil grund genom att leva i linje med dina värderingar, oavsett omständigheter.

Mod: Att agera trots rädsla

Mod är att våga fatta beslut när det är obekvämt. Det är att stå fast vid sina åsikter och hantera motstånd med integritet. Historier som Ernest Shackletons expeditioner och Greta Thunbergs orubbliga kamp visar att mod inte är frånvaron av rädsla utan förmågan att agera trots den.

Kapitel 2: Mental och Fysisk Styrka – Din Inre Motor

Att leda sig själv kräver både mental och fysisk styrka. Den mentala styrkan hjälper dig att navigera motstånd, medan den fysiska styrkan ger dig uthållighet.

Mental styrka: Träna ditt sinne

Mental styrka handlar om att hantera press och osäkerhet. Det innebär att prioritera det som verkligen spelar roll, skapa rutiner för att hålla fokus och använda andning och visualisering som verktyg.

Fysisk styrka: En stark kropp stöder ett starkt sinne

Fysisk hälsa är nyckeln till mental skärpa. Regelbunden träning, god sömn och en balanserad kost är inte bara bra för kroppen – de hjälper dig att hantera stress och upprätthålla energi.

Bygg vanor som stärker

Små, konsekventa handlingar är vägen till uthållighet. Det kan vara så enkelt som en daglig promenad, en tacksamhetsövning eller att prioritera tid för reflektion.

Kapitel 3: Förändring och Anpassningsförmåga – Att Växa i Motgång

Förändring är en konstant i livet, och din förmåga att hantera den avgör hur framgångsrik du blir som ledare.

Navigera förändringens fyra faser

- **Korrigering:** Insikten att förändring är nödvändig.
- **Kaos:** Fasen där motståndet är som störst.
- **Konfunderad:** Ljuset i tunneln börjar skymtas.
- **Komfort:** Det nya blir norm.

Förändringens drivkraft

Som ledare måste du vara katalysatorn för förändring och hjälpa ditt team att se långsiktiga vinster.

Inspiration från förebilder

Exempel som Malala Yousafzai och Greta Thunberg visar att mod att stå fast vid sina värderingar är grunden för att leda i förändring.

Kapitel 4: Värderingar och Självdisciplin – Att Leda Sig Själv med Integritet

Värderingar är din moraliska kompass. Självdisciplin är verktyget som hjälper dig att leva i linje med dem.

Lev dina värderingar

Värderingar är inte bara ord – de är handling. Ledare som Nelson Mandela och Alexander den Store visade att det är genom att leva sina värderingar som man skapar förtroende.

Självdisciplin: Nyckeln till verklig framgång

Självdisciplin handlar om att göra det som behövs, inte det som är bekvämt. Det är små, dagliga val som leder till större resultat.

Praktiska verktyg

- **Planering:** Sätt tydliga mål och prioritera.
- **Handling:** Agera konsekvent, även när det är svårt.
- **Reflektion:** Utvärdera och justera.

Kapitel 5: Stresshantering och Balans – Från Fiende till Superkraft

Stress är inte din fiende – det är hur du hanterar den som avgör.

Förvandla stress till en tillgång

Kortvarig stress kan skärpa ditt fokus och öka din prestation. Nyckeln är att undvika att stressen blir långvarig.

Praktiska strategier

- **Andningskontroll:** Använd tekniker som box-andning.
- **Självprat:** Byt ut negativa tankar mot positiva bekräftelser.
- **Visualisering:** Träna hjärnan att se framgång.

Bygg långsiktig stressresiliens

- Prioritera sömn, kost och träning.
- Sätt gränser och lär dig att säga nej.
- Fokusera på det du kan kontrollera.

Hur du håller en hög energinivå –
Kraven du måste ställa på dig själv

Ingen kommer att hålla dig i handen här.
Ingen kommer att knacka på dörren och säga:
»Ursäkta, men har du koll på din sömn? Får du i dig näring? Tänjer du gränserna för ditt tänkande?«

Om du inte gör det själv – då faller du. Och när du faller, drar du med dig de som ser upp till dig. Ledarskap börjar alltid med dig själv. Här är de där *obekväma sanningarna* och kraven du måste ha modet att ställa – på dig själv:

1. Sömn – din hemliga superkraft
Trötthet är inte en badge of honor. Ingen tackar dig för att du jobbar dygnet runt med en hjärna som går på sparlåga. Vill du vara skarp, fokuserad och på topp? Sov. Det är enkelt. Gör det.

2. Kost – drivmedlet för din hjärna och kropp
Att leva på kaffe och vad som än råkar finnas i automaten? Kanske enkelt, men det kommer inte hålla dig vid liv – eller i ledarrollen. Mat är bränsle, inte fyllnad. Välj vad du stoppar i dig som om ditt ledarskap hängde på det. För det gör det.

3. Träning – det handlar inte om beach 2025
Det handlar om att orka. Orka jobba sent när det krävs, orka vara mentalt närvarande när det är tufft. Stark kropp, stark hjärna. Punkt.

4. Kunskap – stanna aldrig i komfortzonen
Läs. Lär. Fyll på. Utvecklas eller avvecklas – det är valet. Frågan är: vill du ligga i framkant eller bli omkörd?

5. Självledarskap – ingen kommer att prioritera dig
Det är smärtsamt, men sant. Om du inte sätter dig själv först – dina behov, din utveckling, din tid – hur ska du då kunna leda andra? Självledarskap är inte egoistiskt. Det är nödvändigt.

Ledarskapets kärna: Kraven definierar kvaliteten

Vill du veta hur bra du är som ledare?
Titta på vilka standarder du ställer för dig själv –
och om du har disciplinen att hålla dem. Varje dag.

Ställer du tillräckligt höga krav?
Eller åker du snålskjuts på dina gamla prestationer?

Ledarskap är inte bara en titel.
Det är summan av allt du gör, varje dag. Så jag frågar dig:
Är du redo att ställa kraven som krävs – och leda på riktigt?

Kapitel 1.

Karaktär, Självkännedom och Mod – Grunden för Självledarskap

Stabilitet eller kaos – Berggrund eller Sand?

Låt oss snacka kärnkraft. I atomkärnan samverkar två krafter: den elektromagnetiska kraften och den starka kärnkraften. Om kärnan är stabil, skapas balans och en kraftfull lyftförmåga. Men om kärnan vacklar? Då faller allt sönder.

Exakt samma princip gäller för människor, team och organisationer. När insidan – kulturen, värderingarna, identiteten – är solid, kan det storma hur mycket som helst på utsidan utan att något rubbas. Men bygg på sand, och du kan vara säker på att första motvinden blåser omkull hela bygget.

För många organisationer lägger all sin energi på ytan: flådiga kampanjer, snygga PowerPoints och putsade fasader. Men om du inte har en stabil kärna – vad händer då när det blåser upp? Just det. Sandstorm.

Vill du bygga på berggrund? Då börjar vi inifrån.

Scouting efter starka karaktärer – Vad består du av?

Nelson Mandela. Inte bara en frihetskämpe – ett levande bevis på orubblig karaktär.

27 år på Robben Island. 27 år där hans kropp var fängslad, men hans sinne var fritt. På väggen i sin cell hade han ett citat:

»Jag är herre över mitt eget öde, och kapten över min själ.«

Den attityden. Den inre styrkan. Det är vad som skapar verkliga ledare.

Så, vad skiljer en stark karaktär från en svag?

Min erfarenhet säger att det kokar ner till tre saker:

- **Uthållighet:** När andra viker ner sig, håller du linjen. Fem år från nu är dagens motgångar bara träningspass.
- **Mod:** Du lyssnar på din inre kompass, inte på vad alla andra tycker.
- **Handlingskraft:** Du snackar inte bara – du tar action.

Stark Karaktär Bygger på Tydliga Principer

Det handlar inte om ytan, titeln eller det där perfekta LinkedIn-flödet. Stark karaktär är ryggraden. Här är tre par av egenskaper du behöver bemästra:
- **Ärlighet & Pålitlighet:** Sluta ljug, även för dig själv. Äg sanningen, även när den svider.
- **Integritet & Självförtroende:** Gör vad du säger att du ska göra. Alltid.
- **Uthållighet & Disciplin:** Små steg. Varje dag. Ingen ser dem – men resultaten talar för sig själva.

Vill du bygga en stark karaktär? Här är frågorna du måste ställa dig:

- **Vem är jag – egentligen?**
- **Vilka värderingar lever jag efter, även när ingen ser?**
- **Vad motiverar mig?**
- **Vad gör mig stolt?**
- **Vilka egenskaper vill jag att andra ska förknippa mig med?**

Frågorna är obekväma. Men de är nödvändiga. För utan att gräva i dem – hur ska du bygga något som håller i längden?

Sju Principer Som Definierar Starka Karaktärer:

1. **De lever efter principer.** De viker sig inte bara för att det blåser motvind.
2. **De bygger standarder – inte fasader.** Ytan kan imponera. Men karaktär håller.

3. **De håller sina löften.** Alltid. Ord = handling.
4. **De lär sig ständigt.** Ingen självgodhet. Bara hunger efter utveckling.
5. **De har en strategi – inte bara taktik.** Snabba vinster är kul, men de tänker långsiktigt.
6. **De ger aldrig upp.** Motgångar? Bring it on.
7. **De bygger självförtroende genom handling.** Självförtroende är inget du *får*. Det byggs – steg för steg.

Så, vad gör du?
Bygger du ditt ledarskap på sand eller berggrund?

Vill du bli en ledare som andra respekterar på riktigt?
Då är det dags att sluta snacka och börja agera.

Börja med att:

1. Definiera dina värderingar.
2. Stå fast vid dem – oavsett vad.
3. Sluta jaga bekräftelse – bygg resultat.

Karaktärsmatrisen handlar om att bygga från insidan. Att bli en ledare som står stadigt. En som inte bara överlever stormen – utan som kan leda andra genom den.

Så, vem är du – egentligen?

Vem vill du vara, och stå för? Och vad gör du idag för att forma din inre styrka?
   (se bilaga i slutet på kapitlet för mer utförande vägledning och möjligheterna att bygga din egen ledarskapsmatris som passar DIG).

Mod och att övervinna rädslor.
MOD – Den Riktiga Superkraften i Ledarskap

»Ängslighet, regelföljande och en överdos av möten kväver chefers initiativkraft. Att göra saker på rätt sätt har blivit viktigare än att göra rätt saker.«

Träffsäkert, eller hur? Patrik Hall, professor i statsvetenskap, slår huvudet på spiken. När administration och detaljstyrning tar över, förvandlas ledarskap till en blek kopia av vad det borde vara: En kraft för förändring, inspiration och framdrift.

Mod är inte ett fluffigt ord för visionärer – det är bränslet som skiljer riktiga ledare från byråkratiska papperstigrar. Det handlar inte om att följa strömmen, utan om att våga stå kvar i stormen när andra backar undan. Och det handlar inte bara om att hantera vardagliga utmaningar – det handlar om att hämta kraft från sina värderingar och leda genom dem.

Historien om Shackleton – En Ledarskapsikon

Det finns få historier som visar mod i ledarskap lika kraftfullt som Ernest Shackletons Antarktisexpedition.

Året var 1914, och Shackleton planerade att bli den förste att korsa den iskalla kontinenten till fots. Men planen tog en dramatisk vändning när fartyget **Endurance** fastnade i isen och slutligen sjönk. Han och hans besättning stod inför en till synes omöjlig utmaning: att överleva i en av världens mest ogästvänliga miljöer.

Vad som gjorde Shackleton till en så otrolig ledare var hans förmåga att aldrig tappa sikte på det som verkligen spelade roll – att hålla sitt team vid liv och inspirera dem till att aldrig ge upp. Genom att skapa tillit och tydliga mål blev han en fyr i mörkret för sina män.

I flera månader vandrade de över isvidder och korsade livsfarliga hav. Shackleton delade lika på resurserna, satte alltid sina besättningsmedlemmars välbefinnande först och visade att ledarskap i sin renaste form handlar om att agera utifrån sina värderingar – oavsett omständigheterna. Till slut lyckades han få hem alla sina män, utan att en enda förlorades.

Shackletons resa är en påminnelse om att mod är mer än bara fysisk styrka – det är en moralisk drivkraft att stå fast vid sina principer och att leda med hjärta och vision, även i de mörkaste stunderna.

Mod – Nyckeln till att övervinna rädslor

2025. Donald Trump kliver in i Vita huset igen, och världen står i kaos. På bara några dagar rivs gamla strukturer ner, och nya, ofta kontroversiella beslut sätter tonen för framtiden. Så vad gör vi som ledare när stormen blåser som värst? Vi kliver fram. Vi samlar vårt mod. Och vi står fast i vår karaktär.

För det är just i de här stunderna – när våra värderingar utmanas och trycket ökar – som vi visar vem vi verkligen är. Att leda med ett värdebaserat ledarskap är inte att flyta med strömmen eller gömma sig bakom ursäkter. Det är att våga stå rak, våga säga: »Det här tror jag på, och det här är rätt.«

2025 visade oss vad ledarskap egentligen handlar om: När det bränner till och kaoset är ett faktum, då avgörs det vem som kliver fram och vem som backar undan. Mod, du har hört det till leda ment tål att upprepas om och om igen – det är inte att vara fri från rädsla, utan att agera trots den. Din karaktär är att välja rätt, även när det skulle vara så mycket enklare att vika undan. Och värdebaserat ledarskap? Det är att bygga sin kompass kring de karaktärsdrag du själv känner att du kan stå för. Integritet, mod och långsiktig mening – oavsett hur vinden blåser.

Som biskop Mariann Edgar Budde sa: »Vi måste ha modet att stå upp för det vi vet är rätt.« Och det gäller oss alla. Så vad står du för? När pressen är som störst och valen känns omöjliga – kommer du att stå stadigt i din integritet, eller vackla? »Vi har inte fått modlöshetens ande, utan kraftens, omtankens och självbehärskningens«

Värdebaserat ledarskap börjar med dig. Din karaktär skapar den värld du lämnar efter dig. Det är dags att agera. Varje dag, varje beslut – låt modet vara din vägvisare och värderingarna ditt ljus. För det är i handlingen vi gör verklig skillnad. »På deras frukt ska du känna igen dom«.

Mod i Ledarskap Handlar om Att:

- Bryta sig förbi meningslösa regelverk och tröga processer.
- Prioritera resultat framför att spela det säkra kortet.
- Skippa möten där »ingen riktigt vet varför vi är här«.
- Stå emot när resurser ropas efter i redan överbelastade organisationer.
- Våga fatta beslut när osäkerheten är som störst.

Mod kräver risk. Utan risk? Behövs inget mod. Och om du alltid väljer det bekväma, varför ens kalla dig ledare?

Frågor för Modigare Ledarskap:

- Hur kan vi leverera MER värde med färre resurser?
- Hur minskar vi byråkratin utan att tappa kvalitet?
- Hur säkerställer vi att möten faktiskt leder någonstans?
- Vilka svåra samtal har du skjutit upp den senaste månaden?
- Vad skulle du göra annorlunda idag om du inte var rädd för att misslyckas?

Nio Sorters Mod Du Behöver Som Ledare:

1. **Civilkurage – Att Stå Upp När Det Blåser** 83 % av 800 chefer lyfte detta som den viktigaste egenskapen. Att säga ifrån på riktigt, inte bara när det är bekvämt. Mod är att stå upp för rätt saker – även när det kostar. Det är att förstå att tystnad ofta är det största sveket.
2. **Mod och Prestation – Våga Starta Trots Ovisshet** Jessica Diggins, världsmästare i längdskidor, sa efter sin tuffaste kamp med ätstörningar: »Att ens ha modet att stå på startlinjen är segern i sig.«
3. **Mod inför Utmaningar – Att Våga Måla In Sig i Ett Hörn** Som JFK sa: »Vi ska sätta en människa på månen och hem igen innan årtiondets slut.«
4. **Mod att Hålla Fast vid Lojalitet – Att Inte Svikta** Lojalitet är inte att följa blint. Det är att stå fast vid dina värderingar, ditt team och de människor du lovat att stötta – även när det är tufft.

5. **Modet att Gå Sina Egna Vägar** George Bernard Shaw sa det bäst: »Den förnuftige anpassar sig till världen. Den oförnuftige försöker anpassa världen till sig själv.«

6. **Modet att Släppa Kontrollbehovet** Steve Jobs visste vad han snackade om: »Vi anställer smarta människor för att de ska tala om för oss vad vi ska göra.«

7. **Modet att Visa Sårbarhet – Riktigt Självförtroende** Att våga säga: »Jag vet inte.« »Jag gjorde fel.« »Jag behöver hjälp.«

8. **Modet att Ta de Svåra Samtalen** Rankat som en av de viktigaste egenskaperna bland chefer. Mod är att säga det som behöver sägas – utan att linda in det.

9. **Modet att Ställa Krav – Hög Standard Även När Det Utmanar** Att säga: »Vi kan bättre.« »Det här räcker inte.« »Vi förväntar oss mer.«

Mod Är Inte Bara Ett Ord – Det Är Ditt Ansvar Som Ledare

Mod är att stå upp. Mod är att agera, även när det är svårt. Mod är att vara den som lyfter andra, inte bara sig själv. Så, vad väntar du på? Ledarskap är inget popularity contest. Det handlar om att göra det rätta.

Kapitel 2.

Mental och Fysisk styrka – din inre Motor

Det var en höstdag i Helsingborg. Jag landade för ett uppdrag i att »boosta« företagskulturer. Flyget gick smidigt, vädret var schysst. Jag kliver av planet, datorväskan över axeln, redo för den förbeställda taxin.

Ingen taxi. Ingen skylt med mitt namn. Bara jag och min början till irritation. Några samtal senare, frustration på max och några djupa andetag: Min bokning var avbokad. »Ta en ledig bil här då?« föreslog jag. Svaret? »Funkar inte så.«

Stressen kokade. Men mitt uppdrag väntade. Dags att skärpa sig. Andas. Lugnt. Fokusera.

Det löste sig. Workshopen? Magisk. Men just den där stunden, när jag var millimeter från att tappa det, påminde mig igen om en vital sak:

Mental styrka testas hela tiden.

Lärdomar för dig som vill leda med kraft:
- Du har hört det till leda, men det spelar ingen roll, den här måste repeteras tills Insikten sitter – Du kan inte styra allt runtomkring. Men du kan **styra dig själv.**
- Att freaka ur löser inget – det suger bara energi.
- **Mentalt ledarskap** = hålla fokus även när det stormar.

Hur ofta har du låtit irritation kapa din energi?

Så här bygger du mental styrka:

- Äg din reaktion.
- Träna på lugn under press.
- Leda dig själv, istället för att låta skiten leda dig.

Vill du vässa din mentala skärpa? Börja med andningen. Börja med tankarna. Börja med dig själv.

Mental Effektivitet – Leda sig själv med kraft

John F. Kennedy sa det bäst:
»Vi valde att åka till månen, inte för att det var lätt, utan för att det var svårt.«
Tack JFK, spot on. Riktig styrka föds ur motstånd. Astronauter, elitidrottare – och du som ledare. Dags att bemästra ditt inre.
Mental effektivitet = använda din energi smart. Som en motor – ju renare bränsle, desto mer kraft.
Skippa skitsnacket i huvudet. Mata dig själv med det som funkar. En idrottare skapar rutiner för att prestera när det gäller – varför skulle inte du?

Vad bygger mental styrka:

1. **Kunskap & Kompetens:** Ju mer du vet, desto mindre chans att du flippar ur.
2. **Fysisk hälsa:** Din motor. Träning = skärpa & uthållighet. Bra käk = klarare tankar.
3. **Självförtroende & Kroppsspråk:** Sträck på dig. Se folk i ögonen. »Fake it« tills du »make it«.
4. **Prioriteringar:** Skilj mellan bråttom och viktigt.
5. **Disciplin:** Motivation håller inte, det är som att duscha, därför det rekommenderas dagligen. Gör jobbet ändå.

Vad dränerar dig:

- **Negativa tankemönster:** Mindre gnäll, mer action.
- **Ilska & Hämnd:** Kul för stunden, dränerande långsiktigt.
- **Energitjuvar:** Dumpa negativitet.
- **Meningslösa bråk:** Fokusera på det du själv kan påverka.

Och viktigast: **Tänk större. Agera större. Våga mer.**
Inte för att det är lätt – utan för att det är svårt.

SJÄLVFÖRTROENDE – HUR DU ERÖVRAR DET (PÅ RIKTIGT)

Självförtroende. Det är som den heliga graalen för personlig utveckling – mytomspunnet, eftertraktat och tydligen svårt att hitta. Men här kommer sanningen: Självförtroende är inte något du föds med. Det är inte reserverat för de karismatiska stjärnorna på scen. Nej, det är en egenskap du skapar. Från grunden.

Och kanske finns det inget mer verklighetstroget exempel än historien om Oprah Winfrey. Oprah, som idag är en av världens mest framgångsrika kvinnor, började sitt liv i fattigdom under svåra förhållanden. Hon upplevde diskriminering, blev utsatt för övergrepp och fick hård kritik i sin karriärs början. Men genom att vägra låta sin bakgrund definiera henne och genom att bygga sitt självförtroende sten för sten – genom små segrar och stora visioner – blev hon en ikon för miljoner människor.

Oprah är ett levande bevis på att självförtroende är något vi skapar – inte får.

Så, hur bygger du den där osvikliga känslan av att kunna hantera livets utmaningar, oavsett vad? Här är sju brutalt ärliga nycklar till riktigt starkt självförtroende:

1. **Optimism – Sluta Skylla På Vädret** En riktig vinnare ser möjligheter där andra ser problem.

- Problem = Tillväxtpotential.
- Förändringar = Nya chanser.
- Motgångar = Gratis personlig utveckling.

Låter det lite väl peppigt? absolut, men sanningen är enkel: Självförtroende handlar om var du riktar ditt fokus. Sitter du fast i klagomål över saker du inte kan kontrollera? Eller lägger du din energi på det du faktiskt kan påverka? Sluta vara passagerare i ditt eget liv.

2. **Förändringsbenägenhet – Anpassning Är Inte Svaghet** Charles Darwin sa: »Det är inte den starkaste som överlever, utan den som bäst anpassar sig till förändring.«

Läxa: Om du vägrar förändras för att du tycker att det är »obekvämt«, då kommer någon annan att springa om dig. Världen förändras – du kan antingen utvecklas eller bli en fossil. Självförtroende föds ur rörlighet. Våga pröva nytt. Justera. Anpassa. Väx.

3. **GRIT – Förmågan att Aldrig Ge Upp (Even När Det Gör Ont)** GRIT, myntat av psykologen Angela Duckworth, är inte en trendig hashtagg. Det är kärnan i uthållighet.

Det handlar inte om IQ eller talang. Det handlar om:

- Att orka de sista 20 % när andra ger upp.
- Att fortsätta fast det suger.
- Att ta ett steg till – även när motivationen är som bortblåst.

Winners never quit. Quitters never win. Så, hur långt är du beredd att gå för att nå ditt mål? (Mer om Grit i kapitel 4)

4. **Se Möjligheter Framför Hinder – Sluta Gnäll, Börja LÖSA** När golfstjärnan Linn Grant fick frågan hur hon hanterar pressen att prestera när varje putt räknas i pengar, svarade hon: »Vaddå? Det är väl jätte-motiverande?«

Exakt. Vad som skrämmer vissa, motiverar andra. Vill du ha starkt självförtroende? Lär dig att se möjligheter där andra ser risker.

- Problem? Spännande utmaning.
- Press? Adrenalin för utveckling.
- Motgång? Lärdom.

Dags att sluta älta. Dags att börja agera.

5. **Framgångstro – Fake It Till You Make It? Nej, TRO Det Tills Du BLIR Det** OS-guldmedaljören Nils van der Poel fick frågan: »Kommer du ta guld?« Svaret? »Jag skulle bli väldigt förvånad annars.«

Det här handlar inte om arrogans. Det handlar om mental programmering. Om du inte tror att du kan vinna, varför skulle någon annan göra det?

Visualisera framgången. Se den. Känn den. Och agera som om det redan är ditt.

6. **Fysiska Konkreta Vanor – Kroppen Driver Självförtroendet** Låt oss vara ärliga – du kan inte tänka dig till självförtroende om kroppen strejkar.

A. Ät för styrka
- **Drick tillräckligt med vatten:** Hydrering är nyckeln till energi och fokus. Sikta på minst 1,5–2 liter om dagen.
- **Prioritera färska råvaror:** Sikta på att äta mer färska, obearbetade livsmedel.
- **Undvik överdrivet koffeinintag:** För mycket kaffe kan öka stress och sänka sömnkvaliteten.
- **Minska snabba kolhydrater.** Öka proteinintaget.

B. Träna för energi
- Rörelse ger dopamin. Dopamin = självsäkerhet.
- Hitta en takt som passar DIG där du är just nu, och som du kan hålla året ut.
- **Variera träningen:** Kombinera kondition (t.ex. cykling eller löpning) med styrka och rörlighet för att undvika uttråkning.
- **Planera aktiv återhämtning:** Dagar med yoga, promenader eller lätt träning hjälper kroppen att återhämta sig.

C. Kroppshållning – Metoden för direkt boost

- **Fokusera på andningen:** Djupa andetag kan minska stress och öka syresättningen i kroppen.
- **Använd händerna medvetet:** Gester stärker ditt budskap och ger mer energi i din kommunikation.
- **Undvik ihopkrupen hållning:** Lägg till en påminnelse om att sitta eller stå rakt även när du är trött.
- Håll ögonkontakt.
- Sträck på dig.

»Vad kan jag justera idag för att ta ETT steg mot bättre energi och självsäkerhet?«

7. Bekräftelse – Små Vinster Bygger Stor Segermentalitet

Självförtroende föds av bevis. Små vinster leder till stora resultat. Genom att skapa momentum med små delmål stärker du tron på dig själv och dina förmågor.

Så bygger du momentum:

- Klarade du 20 armhävningar? **Fira det.**
- Höll du en presentation utan att darra? **Snyggt!**
- Tog du första steget mot ett nytt projekt? **Där satt den!**
- Lärde du dig något nytt idag? **Fantastiskt – ge dig själv en applåd!**
- Sa du nej till något som inte var viktigt? **Bra prioritering – du är på rätt spår!**

Varför små vinster är viktiga:
Små framgångar är bränslet för stora drömmar. De positiva känslorna från att uppnå delmål stärker din tro på att du också kan nå större mål. Det handlar om att skapa en positiv spiral där självförtroende föder handling och handling föder mer självförtroende.

Gör det konkret:

- **Skriv ner dina vinster:** Ta två minuter varje kväll och skriv ner tre små saker du gjort bra under dagen. Denna vana hjälper dig att uppmärksamma framgångar och stärka din mentala styrka.
- **Visualisera framgångarna:** Skapa en framstegstavla eller använd en app för att se hur dina små vinster leder mot ditt huvudmål.

Kom ihåg:

- Självförtroende växer av kontinuitet – små steg varje dag leder till stora resultat.
- Små vinster skapar momentum, och momentum är nyckeln till att hålla energin och motivationen uppe.

»Små framgångar är de små gnistorna som tänder elden av stora drömmar.«

Sammanfattning – Självförtroende Är Ditt Val

Självförtroende är inte något du hoppas på. Det är något du skapar.
Vill du ha det? Då måste du:

- Agera trots rädslan.
- Se möjligheter där andra ser problem.
- Göra jobbet – även när ingen ser på.

Så, vad väntar du på? Börja idag. Små steg. Bygg styrkan. Och bli den bästa versionen av dig själv.

Kapitel 3.

Konsten att Hantera Förändring – För Dig Som Vill Sluta Gömma Dig Bakom Ursäkter

»*Framsteg är omöjliga utan förändring, och de som inte kan ändra sig kan inte ändra någonting.*«
Förändring. Det där obekväma, ovälkomna monstret som dyker upp när du precis börjat känna dig lite för bekväm.

Ändå är det just förändring som skiljer de som utvecklas från de som fastnar. Förändring ÄR utveckling. Förändring ÄR framsteg. Och att ignorera den? Det är som att försöka simma med en betongklump runt fötterna.

Niccolò Machiavelli sa det rakt på sak: »*Det finns inget svårare att genomföra, mer riskfyllt att leda, eller mer osäkert att lyckas med än att introducera nya idéer. Innovation möter motstånd från dem som har gynnats av gamla system – och endast svagt stöd från dem som kan gynnas av det nya.*«

Läs det igen.

Exakt där har du problemet. Att gå först i förändring innebär att stå ut med kritik, skepsis och en hel del passivt motstånd.

Och ändå är det just de som vågar förändras som skriver historia.

Ett exempel i närtid är historien om Greta Thunberg. När hon som 15-åring satte sig utanför Sveriges riksdag med en handskriven skylt som krävde klimatåtgärder, kunde ingen ana att detta enkla agerande skulle starta en global rörelse. Greta mötte kritik, hån och motstånd från mäktiga aktörer – men hon stod fast vid sina principer. Genom sin envishet och sitt mod har hon inspirerat miljontals unga att engagera sig för klimatet och visat att även en ensam röst kan skapa en våg av förändring.

Gretas resa visar att förändring inte handlar om att ha makt eller resurser. Det handlar om att våga ta det första steget och att tro på sin förmåga att göra skillnad. Hennes historia är en påminnelse om att vi alla har potential att påverka världen omkring oss – om vi bara vågar.

Så, nästa gång förändringens monster dyker upp, våga fråga dig själv: Vad skulle Greta ha gjort? Svaret kanske inte gör resan lättare, men det kommer göra den mer meningsfull.

Förändringens Fyra Faser – Välkommen till 4*K-Modellen

Förändring är sällan en enkel väg från punkt A till B. Den är mer som en berg-och-dalbana där du ibland hänger upp och ner och undrar varför du ens gick den här resan.

Här är de fyra faserna du och ditt team har och kommer att passera:

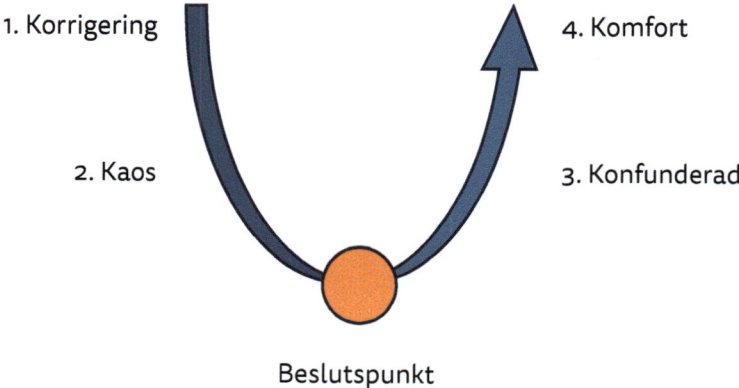

1. Korrigering   4. Komfort

2. Kaos   3. Konfunderad

Beslutspunkt

1. Korrigering – När Förändringen Startar

Grattis! Du har insett att något måste förändras. Men alla andra? De är inte lika peppade.

Vanliga reaktioner:

- Tyst skepsis.
- »Men vi har ju alltid gjort så här...«
- Sökande efter trygghet i gamla mönster.

Ditt jobb som ledare:

- Var extremt tydlig på *varför* förändringen är nödvändig.
- Kommunicera tre konkreta vinster med förändringen.
- Bekräfta oron – men ge inget utrymme för ursäkter.

2. Kaos – När Motståndet Maxar

Nu är det fest i tvivlets tempel. Förvirring, frustration och en kör av röster som viskar:
> *»Det här kommer aldrig funka.«*

Vanliga reaktioner:

- Ifrågasättande av beslutet.
- Känslomässig turbulens – *»Varför ändra när det ändå fungerar?«*
- Ryktesspridning.

Ditt jobb som ledare:

- Dubbelkolla dina egna nerver – stå stadigt.
- Lyft fram vad som INTE fungerade tidigare.
- Påminn om långsiktiga vinster, inte bara kortsiktiga smärtor.

3. Konfundering – När Ljuset Börjar Skymtas

Plötsligt börjar folk inse att det nya kanske... faktiskt funkar? Men förvirringen hänger kvar.

Vanliga reaktioner:

- Små vinster börjar märkas.
- Nyfikenhet ökar – men skeptikerna lever kvar.

- Någon vågar säga: »*Hmm... kanske är det inte så dumt ändå.*«

Ditt jobb som ledare:

- Uppmuntra de små framstegen – stort.
- Lyft fram positiva förändringar.
- Dela kortsiktiga vinster och koppla dem till långsiktiga mål.

4. Komfort – När Det Nya Blir Normalt

Ah, äntligen! Förändringen är inte längre »förändring« – det är den nya standarden.

Vanliga reaktioner:

- Stabilitet återfinner sig.
- Nya rutiner känns naturliga.
- Självförtroendet ökar i teamet.

Ditt jobb som ledare:

- Fira de som gjort resan möjlig.
- Påminn om resan – och vad ni övervunnit.
- Börja planera nästa nivå av utveckling.

Nyckeln: Sluta Vänta – Starta Förändringen NU!

Förändring utan handling är som att stå framför en brasa och be om värme utan att tända en tändsticka.

Initiativ föds ur 3* I faktorer:

- **Intention:** Du måste vilja något.

- **Inspiration:** Du måste se en möjlig framtid.
- **Initiativ:** Du måste agera – även om det känns obekvämt.

Så, Är Du Redo Att Hantera Förändring På Riktigt?

Här är sanningen:
- **Förändring är inte ett hot** – det är din bästa vän.
- **Din attityd avgör** om du lyckas eller fastnar.
- **Möjligt eller omöjligt?** Det är alltid du som bestämmer.

Så vad är nästa förändring du behöver omfamna?
Och viktigast av allt: **När tänker du börja?**

Konsten att släppa taget – För ett liv med mer energi och fokus

»Alltså är det viktigt att kunna släppa taget.«

Så avslutade en gammal abbot kvällsbönen. Nästa dag kom en ung, frustrerad munk fram och frågade: »Hur släpper man taget om misslyckanden, besvikelser och brustna hjärtan, när bitterheten kväver positiva tankar?«

Abboten log, bjöd in honom på te och gav munken en kopp. Han började hälla i kokande vatten. Koppen blev varmare och varmare tills smärtan blev för stark – munken släppte koppen som krossades mot golvet. »Du ser... så svårt var det inte att släppa taget.«

Varför är det så svårt att släppa taget?

Vi vet att vi borde. Vi förstår att det skulle göra oss gott. Ändå håller vi fast. Varför?
- **Sorg och svek:** Vi tror att vi behöver minnas för att lära oss.
- **Misslyckanden och skam:** Att släppa taget känns som att erkänna nederlag.
- **Bitterhet och besvikelser:** Vi fastnar i att »det inte borde ha hänt«.
- **Rädsla för att förlora kontrollen:** Att hålla fast känns tryggt – även om det sänker oss.

Men sanningen? Det som verkligen håller oss tillbaka är rädslan att gå vidare.

Ett exempel på kraften i att släppa taget är historien om Simone Biles, den flerfaldiga olympiska guldmedaljören i gymnastik. Under OS i Tokyo 2021 valde hon att dra sig ur flera tävlingar, trots att hon var favorit att vinna. Hon stod inför en storm av kritik och förväntningar från hela världen. Men Simone insåg att hennes mentala hälsa och välbefinnande var viktigare än medaljer.

Genom att släppa taget om pressen att prestera och de externa kraven visade hon ett otroligt mod och satte ett nytt exempel för vad sanna framgångar handlar om. Simone visade att ibland är det mest kraftfulla vi kan göra att kliva tillbaka, reflektera och våga prioritera oss själva.

Hennes beslut inspirerade många att omvärdera sin egen syn på prestation och balans i livet. Simone Biles påminner oss om att släppa taget inte är ett tecken på svaghet – det är en handling av styrka och självrespekt.

De Tre Cirklarna av Kontroll och Inflytande

För att släppa taget behöver du först förstå vad du håller fast vid. Den amerikanska författaren Byron Katie delade upp detta i tre cirklar av kontroll:

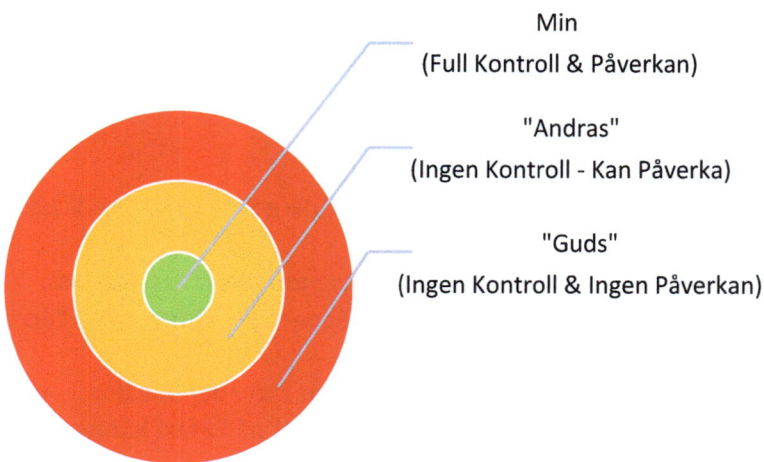

Min
(Full Kontroll & Påverkan)

"Andras"
(Ingen Kontroll - Kan Påverka)

"Guds"
(Ingen Kontroll & Ingen Påverkan)

1. Saker du inte kan kontrollera eller påverka

Exempel:
- Vädret.
- Ekonomiska kriser.
- Andras åsikter.
- Inflationen.
- Globala konflikter.

Om du inte kan påverka det – varför slösar du energi på det?

Lösning: Släpp taget. Sluta älta. Fokusera på det du kan påverka.

2. Andra människors beteenden (ingen kontroll men kan påverka)

Exempel:
- Dina barns val.
- Kollegors prestationer.
- Partnerns åsikter.

Du har **inflytande**, men ingen total kontroll.
Lösning: Var en förebild. Inspirera genom handling, vässa din argumentationsteknik, men aldrig tvinga.

3. Det du kan kontrollera – Din Inre Cirkeln

Här bor din verkliga kraft:
- Dina tankar.
- Ditt fokus.
- Dina reaktioner.
- Dina val.

Här börjar all förändring.
Lösning: Ta ansvar. Sluta skylla på omständigheter. Börja agera.

Hur Släpper Du Taget i Praktiken?

1. Identifiera vad du håller fast vid.

Vad gnager? Vad ältar du? Skriv ner det. När du ser det på papper förlorar det sin makt.

2. Fråga dig: Kan jag påverka detta?

Är det något inom din kontroll? Om inte – släpp det.

3. Byt fokus.

Flytta energin till det du faktiskt kan förändra.

4. Visualisera lättnaden.

Hur skulle det kännas om du bara släppte? Frid. Klarhet. Lugn.

5. Agera.

Släppa taget handlar inte bara om mindset. Det handlar om handling:

- Be om ursäkt.
- Avsluta gamla projekt.
- Klipp banden till negativa relationer.

Men tänk om jag inte kan släppa?

Jo, det kan du. Men låt oss vara ärliga:

- Att hålla fast känns tryggt och bekvämt.
- Att älta kan ibland upplevas som ett skydd.
- Att släppa taget innebär att ta ett steg framåt – och det kräver mod.

Men sanningen är enkel:
Du kan inte ta emot något nytt om dina händer fortfarande håller fast vid det gamla.

Buddhas fyra sanningar:

1. Livet rymmer lidande.
2. Roten till lidande är begär.
3. Det finns en väg bort från lidandet.
4. Vägen är att släppa taget om **emotionella bindningar.**

Emotionella bindningar – vågar du släppa taget och växa som ledare?

Emotionella bindningar är inte bara saker eller relationer – de kan också vara arbetssätt, tankemönster och gamla rutiner som vi klamrar oss fast vid. Det kan vara smycket du ärvt som ligger kvar i lådan, eller en metod på jobbet som en gång var briljant men nu känns föråldrad. Varför håller vi fast vid dem? För att de en gång betydde något. För att de känns trygga. Och för att släppa taget kan vara både läskigt och obekvämt.

Men här är frågan du behöver ställa dig: *Tjänar detta mig längre, eller håller det mig tillbaka?*

Som ledare är det lätt att fastna i »så här har vi alltid gjort«. Kanske är det en process, ett arbetssätt eller till och med en idé om din egen roll som bromsar dig och ditt team. Det känns tryggt, men trygghet är inte där tillväxten finns. Att vara en värdebaserad ledare handlar om att våga utmana sig själv och sitt sätt att tänka. Det handlar om att vara modig nog att inte bara titta på det som fungerar, utan också våga se det som stagnerat.

Här är en utmaning till dig: Identifiera ett område i ditt liv eller ditt ledarskap där du håller fast vid något som egentligen inte längre känns rätt. Det kan vara en gammal vana, en rutin eller till och med en relation. Håll upp det framför dig och fråga: *Ger detta mig och mitt team styrka, eller är det bara något jag bär runt på av gammal vana?*

När du vågar släppa taget om det som inte längre lyfter dig frigör du plats – inte bara i ditt hem eller ditt hjärta, utan också i din organisation. Plats för det nya, för det som driver utveckling och som är i linje med dina värderingar.

Att släppa taget handlar inte om att förlora något. Det handlar om att välja medvetet vad som ska få följa med på resan framåt – och våga skapa något bättre. Så, vågar du ta steget?

Resultatet När Du Släpper Taget?
Frigjord energi. Mindre stress. Mer klarhet.
Bättre fokus. Du kan äntligen lägga energi på det som faktiskt spelar roll.
Starkare ledarskap. När du släpper det oviktiga kan du leda med kraft.
Så, Vad Håller Du Fast Vid Just Nu?
Och viktigast av allt:
Är du redo att släppa taget – eller kommer du hålla fast tills det bränner dig?

Kapitel 4.

Värderingar och Självdisciplin– Det Du Gör När Ingen Ser

Låt oss prata om självledarskap. Inte det där fluffiga »personlig utveckling« som låter bra i teorin men som ingen egentligen följer. Jag pratar om riktigt självledarskap – den typen som formar starka ledare och skapar respekt, inte genom ord, utan genom handling.

Extraordinärt Självledarskap – Lärdomen från Alexander den Store

År 325 f.Kr., mitt under det persiska fälttåget, marscherade Alexander den Store med sin armé genom den skoningslösa Gedrosianska öknen. Törst, hetta och utmattning pressade soldaterna till bristningsgränsen. En soldat kom fram till Alexander med en hjälm fylld med vatten – en symbol för överlevnad.

Vad gjorde Alexander? Han tog hjälmen, lyfte den mot solen och hällde sakta ut vattnet i sanden inför sina utmattade trupper. Hans budskap?

»För mycket för en, för lite för så många.«

Han visade, med handling, att han aldrig skulle kräva något av sina soldater som han inte själv var beredd att utstå. Det är självledarskap. Det är att leda med ryggraden – inte bara munlädret.

Vill du bygga ett starkt självledarskap? Börja här:

1. Positivt Tänkande – Sluta klaga, börja agera
Självledarskap handlar om att styra hur du ser på världen – och vad du gör åt det.

- Se **möjligheter** där andra ser problem.
- Reflektera över **vad du lär dig** av en motgång istället för att fastna i den.
- Byt ut frågan **»Varför händer detta mig?«** mot **»Vad kan jag göra med detta?«**

Positivt tänkande är ingen naiv klyscha – det är en strategi. Nelson Mandela satt 27 år i fängelse men höll fast vid sin vision om frihet. Hans tankesätt visar att styrkan i vår syn på världen kan förändra inte bara oss själva utan också omgivningen.

Story: Den optimistiska bonden

Det var en gång en bonde som alltid svarade med »Det kunde ha varit värre.« När hans åkrar förstördes av en storm, sa han: »Det kunde ha varit värre – jag har fortfarande mitt hem.« När hans enda ko dog, sa han: »Det kunde ha varit värre – jag har fortfarande min familj.« Hans attityd smittade av sig, och snart hade hela byn börjat tänka i samma banor. Även när allt verkar hopplöst, finns det alltid en väg framåt om du väljer att se den.

2. Mod och Uthållighet – Våga Stå När Det Blåser

Mod handlar inte om att vara orädd. Det handlar om att agera trots rädsla:
- Våga fatta tuffa beslut.
- Res dig när du faller.
- Håll linjen – även när det kostar.

Mod är den egenskap som förvandlar svårigheter till styrka. Tänk på Malala Yousafzai, som trots hot från talibanerna fortsatte kämpa för flickors rätt till utbildning. Hennes mod inspirerar miljoner.

3. Förmågan att Vända Svaghet till Styrka – Äga Ditt Misslyckande

Misslyckanden är inte ditt slut. De är din utbildning:
- J.K. Rowling refuserades av 12 förlag innan Harry Potter blev en global succé.
- Michael Jordan blev utsparkad från sitt första basketlag.

Det är inte hur du faller som räknas – det är hur länge du ligger kvar innan du reser dig igen.

Sara Blakely och Spanx

Sara Blakely, grundaren av Spanx, började sin karriär genom att sälja faxmaskiner från dörr till dörr. Hon möttes av otaliga avvisningar och insåg snabbt att det inte var en karriär hon ville fortsätta med. Men istället för att låta motgångarna definiera henne, såg hon varje »nej« som en möjlighet att lära sig hantera motgångar.

En dag kom idén till Spanx när hon klippte av fötterna på ett par strumpbyxor för att få en mer smickrande look under vita byxor. Idén var enkel, men vägen till framgång var kantad av svårigheter. Hon hade ingen erfarenhet av modebranschen, ingen affärsutbildning och nästan ingen startkapital. Trots det kämpade hon för att få sin produkt producerad och övertyga butiker att sälja den.

Blakely pitchade sin idé till otaliga tillverkare, och nästan alla sa nej. Men hon gav inte upp. Till slut hittade hon en fabrik som trodde på hennes vision. Resten är historia. Spanx blev en global succé, och Sara Blakely blev en av världens yngsta självgjorda miljardärer.

Lärdom: Sara Blakely visar att misslyckanden och avvisningar inte är hinder – de är steg på vägen till framgång. Det handlar om att våga försöka igen, att vara kreativ och att äga sina motgångar som en del av resan.

4. Att Kunna Släppa Negativa Händelser – Packa Lättare

Negativa erfarenheter är som tungt bagage. Hur länge tänker du släpa på det?

- **Misslyckanden?** Lär av dem – och gå vidare.
- **Bitterhet?** Den skadar bara dig själv, inte den du är arg på.
- **Rädsla?** Den håller dig kvar på samma plats när du borde röra dig framåt.

Packa lättare. Du kan inte ändra det som hänt, men du kan bestämma hur mycket det ska påverka dig. Släpp det som inte tjänar dig längre – och frigör dig själv för att ta nästa steg.

5. Självförtroende Genom Handling – Sluta Vänta på Att Känna Dig Redo

Självförtroende är ingen gåva – det är något du bygger genom att agera.

- Vill du känna dig självsäker? **Gör något.**
- Vill du känna dig trygg? **Ta ledningen.**
- Vill du vinna? **Börja spela.**

Ditt kroppsspråk påverkar hur du känner dig:

- **Sträck på dig.**

- **Håll ögonkontakt.**
- **Prata tydligt.**

Du blir vad du gör – inte vad du tänker att du borde göra. Börja agera nu. Resten kommer på vägen.

6. Motivation Inifrån – Ditt Varför Är Ditt Bränsle

Externt beröm? En bonus? Gillar-likes? Kul, men det håller inte i längden. Äkta motivation måste komma inifrån:
- Vad driver dig?
- Vad vill du lämna efter dig?
- Vad kämpar du för?

Hitta ditt »varför« – och du hittar din styrka.

7. Förmågan att Förändras – Utvecklas Eller Stagnera

Förändring är obekvämt. Men vet du vad som är värre? Att fastna:
- Charles Darwin sa det bäst: »Det är inte den starkaste som överlever, utan den som bäst anpassar sig till förändring.«
- Släpp gamla mönster som inte längre gynnar dig. Vill du utvecklas? Våga förändras.

Självdisciplin och GRIT – Din Superkraft

GRIT – Din Superkraft Som Värdebaserad Ledare

GRIT handlar om rå, kompromisslös uthållighet och förmågan att hålla fast vid värderingar och mål. Det är inte en egenskap man föds med, utan en muskel som måste tränas dagligen. GRIT är som att bygga ett hus – varje sten du lägger är en handling som stärker grunden. Det handlar om att dyka upp, även när du inte känner för det, och om att se varje motgång som en möjlighet att växa.

Som ledare innebär det att:
- **Stå fast när andra vacklar.** När teamet tvivlar eller situationen blir osäker, är det du som visar vägen. Du är inte den som gömmer dig bakom bekvämlighet eller ursäkter – du är den som går först in i stormen.

- **Agera i linje med dina värderingar – även när det kostar.** Det rätta valet är ofta det svåraste. Att stå upp för dina principer, även när det innebär motstånd, är vad som skiljer en verklig ledare från en som bara följer strömmen. Tänk på Martin Luther King Jr., som trots hat och hot vägrade kompromissa med sina ideal. Han visade att ledarskap kräver mod och konsekvens.
- **Kämpa vidare när »lättaste vägen« känns lockande.** GRIT handlar om att låta principer, inte bekvämlighet, styra dina handlingar. När andra väljer genvägar eller ger upp, är det du som fortsätter framåt. Du vet att framgång inte handlar om att alltid vinna, utan om att aldrig sluta försöka.

Hur Tränar Du GRIT?

1. **Skapa en vana att möta motgångar.** När du stöter på problem, ställ dig frågan: Vad kan jag lära mig av detta? Börja se utmaningar som möjligheter att träna din uthållighet.
2. **Bygg små segrar.** GRIT handlar inte om att vinna stora strider direkt. Det handlar om att samla små, dagliga segrar. Vakna i tid. Fullfölj dina löften. Gör det lilla extra. Dessa handlingar ackumuleras och bygger din styrka.
3. **Omge dig med rätt människor.** GRIT smittar. Om du omger dig med personer som själva har uthållighet och mod, kommer deras attityd att stärka din. Se till att ditt nätverk är en källa till inspiration och inte distraktion.
4. **Acceptera obekvämlighet.** Framgång är ofta tråkig och repetitiv. Det handlar om att göra det som krävs, inte det som känns kul. Vill du bli bäst? Börja älska monotoni.

Ett Inspirerande Exempel – Mo Farah och Det Sista Varvet

Tänk på löparen Mo Farah, som under OS 2012 föll under ett av sina heat. Medan de andra sprang vidare, reste han sig upp och började jaga. Inte bara tog han sig till final – han vann guldet. Vad driver någon att resa sig när allt verkar förlorat? GRIT.

Mo Farahs historia visar att GRIT inte handlar om perfektion. Det handlar om att resa sig varje gång du faller och att aldrig låta ett misstag definiera din resa.

GRIT i Praktiken för Ledare

Ett av de mest inspirerande exemplen på GRIT kommer från Sir Edmund Hillary och Tenzing Norgay, de första människorna som någonsin besteg Mount Everest den 29 maj 1953. Det var inte talang eller lycka som tog dem till toppen – det var deras orubbliga beslutsamhet och viljan att fortsätta trots extrem kyla, syrebrist och livsfara. De visste att framgång inte handlade om en perfekt resa, utan om att aldrig sluta ta steg framåt.

Som ledare kan du dra lärdomar från deras resa:

- **Ha en tydlig vision.** Vad är ditt »Everest«? Se till att varje steg du tar leder dig närmare toppen.
- **Uthållighet trumfar talang.** Det är inte de snabbaste eller smartaste som vinner, utan de som vägrar ge upp.
- **Arbeta tillsammans.** Ingen klättrar ett berg ensam. Stödet från Tenzing Norgay var avgörande för Hillarys framgång.

Din Utmaning

Så, vad väntar du på? Spänn fast dig. Gör jobbet. GRIT handlar inte om att vara bäst – det handlar om att vara den som vägrar ge upp. Oavsett om ditt »berg« är en karriär, en dröm eller en relation, är GRIT nyckeln till att nå toppen.

Som värdebaserad ledare är det inte bara dina mål som spelar roll – det är hur du når dem. Vill du vara den som pratar om sina värderingar, eller den som lever dem? Börja nu. Börja här. Och kom ihåg: Det rätta valet är sällan det enkla valet, men det är alltid värt det.

Kapitel 5.

Stress management. Från Fiende Till Superkraft

Stress är inte din fiende. Din ovilja att hantera den är problemet.

Stress. Ordet som slängs runt på varje arbetsplats, i varje ledningsgrupp och i varenda artikel om arbetsmiljö. Men vad är stress egentligen?

Stress är inte den där ondskefulla kraften som förstör ditt liv. Faktum är att stress är designad för att rädda dig.

Stressens Fälla: Från Jägare till Möteskalender

Tänk dig en bergsväg i skymningen. Du kör bil och plötsligt dyker en älg upp framför dig. Pulsen ökar. Kroppen sätter igång ett nödläge: adrenalin och kortisol rusar ut, musklerna spänns, och du är redo att väja.

Men här är grejen: Idag är det inte vilda djur eller livshotande faror vi möter. Det är pingande mejl, eviga möten och stressande deadlines. Kroppen gör ingen skillnad – den reagerar som om det är liv och död, fast vi sitter stilla vid skrivbordet.

Resultatet? Kortisolet flödar utan att du får chans att släppa ut det genom handling. Stressen fastnar, och vi betalar priset i energi, fokus och välmående.

Ett exempel på hur stress kan omvandlas till en superkraft är historien om Serena Williams, en av tidernas största tennisspelare. Mitt under sin karriär stod hon inför enorm press, inte bara på planen utan även utanför den – med medier som granskade varje steg och en värld som hade orealistiska förväntningar.

Under US Open-finalen 2015, där hon jagade att vinna alla fyra Grand Slam-titlar på samma år, erkände Serena efteråt att hon kände sig paralyserad av press och stress. Men i stället för att ge upp använde hon stressen som energi. Hon fokuserade sitt sinne och kanaliserade stressen till en extraordinär prestation som säkrade henne segern.

Serena har sagt: »Jag känner stress, men jag har lärt mig att den inte behöver definiera mig. Den kan lyfta mig, om jag låter den.«

Hennes historia är en påminnelse om att stress inte behöver vara din fiende. Den kan vara din hemliga superkraft – om du vet hur du ska hantera den.

Varför Stress Är Din Hemliga Superkraft

Stress är inte farligt i sig. Långvarig stress är farligt. Skillnaden?
- **Kortvarig stress:** Skärper fokus. Höjer din prestation.
- **Långvarig stress:** Sänker immunförsvaret, påverkar sömnen och kan leda till utmattning.

Så frågan är inte »Hur undviker jag stress?« – utan »Hur hanterar jag den?«

Stressens Big Four – Mästarnas Metoder för Stresskontroll

Vill du bemästra stress? Testa dessa fyra tekniker:

1. Andningskontroll – Styr Systemet

När kroppen stressar upp sig är det första som händer att andningen blir ytlig. **Tricket?** Låt andningen styra tillbaka.

Testa »box-andning«:

- Andas in 5 sekunder.

- Håll andan 5 sekunder.
- Andas ut 5 sekunder.
- Pausa 5 sekunder.

Upprepa 5-10 gånger. Det här lugnar ditt nervsystem direkt och sänker kortisolnivåerna.

2. Självprat – Hacka Ditt Mentala Manus

Hur pratar du med dig själv när det stormar?
- »Jag fixar det här.«
- »Jag har varit i tuffa situationer förut.«
- »Jag har kontroll.«

Det du säger till dig själv **blir** din sanning.

Byt ut negativa tankar mot positiva bekräftelser. **Ja, det känns konstigt i början. Men det funkar.**

3. Visualisering – Förbered Hjärnan för Framgång

Idrottare har använt det här i decennier:
- Visualisera ett framgångsrikt möte.
- Se dig själv hålla lugnet under press.
- Känn känslan av att ha kontroll.

Hjärnan kan inte skilja på verkliga och mentala bilder. Så träna den på att se dig som vinnare.

4. Målsättning – Bryt Ner Kaoset

Stress känns ofta som **överväldigande kaos.**

Lösning?
- **Bryt ner skiten.**

- Dela upp stora mål i mindre steg.
- Ta en sak i taget.

Exempel: »Spring ett maraton« blir → Spring 2 km idag.

Stressens Fällor – Och Hur Du Tar Dig Förbi Dem

Det finns fem klassiska stressfällor. Känner du igen någon?

1. Förträngning – »Jag Tar Tag i Det Sen«

Du skjuter upp den obekväma uppgiften. Stressen växer.
Lösning: Gör det direkt. Ta tag i den där surdegen. Nu.

2. Flykt – »Jag Orkar Inte Hantera Det Här«

Du undviker konflikten. Stressen stannar kvar.
Lösning: Våga möta det du undviker. Det blir inte lättare senare.

3. Ödmjukhet – »Det Är Nog Inte Så Farligt«

Du trycker undan känslan. Men stressen försvinner inte – den omvandlas till inre tryck.
Lösning: Erkänn att du är stressad. Sen hanterar du det.

4. Otålighet – »Jag Måste Lösa Allt NU!«

Stress gör dig hyperaktiv – men ineffektiv.
Lösning: Sänk tempot. Fokusera på en sak i taget.

5. Adrenalinberoendet – »Jag Presterar Bäst Under Press«

Ja, adrenalin kan skapa superkrafter. Men för mycket? Totalt systemhaveri.
Lösning: Använd adrenalin till korta spurtar. **Inte som ett konstant bränsle.**

Hur Du Bygger Stressresiliens – Långsiktig Styrka

Vill du bli bättre på att hantera stress över tid? Här är dina nycklar:

Sömn: Prioritera kvalitetssömn – stressens bästa motvikt.
Kost: Stabilt blodsocker = stabilt sinne.
Träning: Fysisk aktivitet rensar ut stresshormoner.
Socialt stöd: Prata med människor. Stäng inte in dig.

Slutsats: Stress Är Inte Din Fiende – Den Är Din Lärare

Stress är inte något du ska undvika.

Den är en signal. En indikator. Ett verktyg.

Lär dig att:

Hantera den **fysiskt** (andning och sömn).
Hantera den **mentalt** (självprat och målsättning).
Hantera den **långsiktigt** (livsstilsval).

Du är starkare än du tror. Stressen är inte din fiende – **det är du som bestämmer hur den påverkar dig.**

SLUTSATS;

7 Brutalt Ärliga Tips för Engagemang och Resultat – Inga Ursäkter, Bara Action

Vill du nå starkare resultat? Bra. Då är det dags att släppa alla halvhjärtade försök och börja spela på riktigt. Engagemang är inte något du *känner* – det är något du *gör*.

Här är 7 tips som inte bara boostar dina resultat – de tvingar dig att kliva ur komfortzonen.

1. Bestäm Vem Du Vill Bli – Inte Bara Vad Du Vill Göra

Sluta svamla om diffusa mål. Skriv ner exakt vilka **karaktärsdrag** du vill bli känd för.
Är det *integritet*? Då sluta överdriva och håll det du lovar.
Är det *mod*? Sluta skjuta upp svåra samtal och ta dem direkt.

Beteende trumfar ord – varje gång.

2. Skriv Ner Dina Tre Största »VARFÖR« – Och Sätt Eld på Ursäkterna

Varför vill du ha det där resultatet? Och nej, *»för att det vore kul«* räcker inte.
Skriv ner **tre djupare anledningar.** Vad vinner du? Vad förlorar du om du inte agerar?

Ett starkt VARFÖR gör att du fortsätter även när motivationen dör.
Ett svagt VARFÖR gör att du hittar ursäkter.

3. Skaffa En Högpresterande Coach – Någon Som Inte Smeker Dig Medhårs

Vill du ha resultat eller sympati?
Hitta någon som håller dig ansvarig – en mentor, coach eller sparringpartner.
Någon som ställer obekväma frågor och inte låter dig smita undan med »Jag försökte«.

Förbered dig på att höra: **»Skitsnack. Gör jobbet.«**

4. Bränn Dina Broar – Gör Misslyckande Oacceptabelt

Sluta hålla dörren på glänt för ursäkter.
Ta bort alla *utrymningsvägar* som ger dig en utväg.
Berätta för andra vad du ska göra – och låt dem hålla dig ansvarig.

När du gör det **obekvämt att ge upp**, kommer du att fortsätta.

5.   Möt Inaktivitet Med Brutal Action – NU!

Känner du dig trött? Motivationen borta? Grattis. **Gör det ändå.**
Action föder motivation – inte tvärtom.
Börja litet, men börja. Skriv en mening. Gör en push-up. Ta ETT steg.

Perfektion är fienden till action.

6.   Eliminera Ordet »Försöka« – Gå All-in
     »Jag ska försöka träna imorgon.«

Sluta.
Antingen gör du det, eller så gör du det inte.
»Försöka« är en ursäkt i förväg för att inte fullfölja.

Vill du ha resultat? Engagera dig – helt.

7.   Skapa Energi – För Det Krävs För Att Prestera

Du kan inte leverera på topp om din kropp och hjärna går på sparlåga.
Träna. Inte för beachformen – för skärpan.
Sov. För att hjärnan kräver återhämtning för att prestera.
Ät. Riktigt. Sluta med sockerkraschen och slarvet.

Starka resultat börjar med **stark energi.**

Slutsats: Hur Du Spenderar Din Tid Berättar Vem Du Är

Vill du veta vad någon verkligen prioriterar?
Kolla **var de lägger sin tid.**
Kolla **hur de använder sina pengar.**

Engagemang handlar inte om ord. Det handlar om **handling.**

Vill du spela stort? Börja agera som den person du vill bli – **nu.**
Nu kör vi.
/Henrik

Sammanfattning av Del 1: Att leda sig själv

Självledarskapets fundament

Att leda sig själv är den första och viktigaste byggstenen i allt ledarskap. Del 1 belyser hur självinsikt, karaktär och mod formar en stark inre grund. När du lär dig att navigera dina egna styrkor, svagheter och värderingar kan du möta världen med stabilitet och tydlighet.

Nycklarna till att leda sig själv:

1. **Självinsikt och karaktär:** Förstå dina värderingar och låt dem styra dina beslut. En stark karaktär är ryggraden i ett autentiskt ledarskap.
2. **Mental och fysisk styrka:** Din energi och uthållighet är drivkraften. Ta hand om din hälsa och träna ditt sinne för att hantera press och osäkerhet.
3. **Förändringens konst:** Anpassningsförmåga är avgörande. Väx genom motgångar och led ditt team genom förändringens fyra faser.
4. **Värderingar och självdisciplin:** Lev dina värderingar, även när ingen ser. Självdisciplin är verktyget för att förverkliga dina mål.
5. **Stresshantering och balans:** Omvandla stress från en fiende till en superkraft. Genom rätt strategier kan du använda den för att växa och prestera bättre.

En inspirerande påminnelse:

Ledarskap börjar alltid med dig själv. Precis som Alexander den Store ledde med handling, inte ord, kan du bli en förebild genom att leva dina värderingar. Det handlar inte om perfektion utan om uthållighet och mod att fortsätta framåt.

Avslutning:

När du leder dig själv med självkännedom och integritet skapar du en stabil grund för att leda andra och bygga framgångsrika verksamheter. Fråga dig själv: Vad kan jag göra idag för att bli en starkare och mer autentisk ledare? Ditt svar är startskottet för nästa steg i din resa. Nu kör vi!

Reflektionsfrågor för att leda sig själv

1. Vilka av dina värderingar är mest centrala för dig, och hur speglas de i dina dagliga beslut?
2. Hur hanterar du stress och motgångar idag? Finns det en strategi från boken som du kan börja använda för att stärka ditt inre ledarskap?
3. När var senaste gången du stod inför en förändring? Hur navigerade du genom de fyra faserna av förändring som beskrivs i boken? Vad kan du tänka på till nästa tillfälle?
4. Hur ser din balans mellan mental, fysisk och emotionell hälsa ut? Vad kan du göra för att stärka denna balans?
5. På vilket sätt kan du visa större självdisciplin för att uppnå dina lång-siktiga mål, och vilka små steg kan du börja med redan nu?

Bilagor

Karaktärsmatrisen

Bygg ditt hus på berggrund

Övning: Karaktärsmatris

- Om du vill ha vägledning genom processen kan du titta på 3 kortfilmer, som resulterar i en färdig personsökare med hela karaktärsmatrisen på – Ladda ner karaktärsmatrisen och printa bilden av vem du är idag – samtidigt som du tecknar visionen av personen du vill vara i framtiden. https://starkaresultat.se/karaktärsmatrisen

Eller så kan du ta hjälp av något av de 21 alternativen eller välja ett eget ord och det beteende som krävs för att leva upp till det. Använd det som tilltalar dig mest.

Alternativ;

21 ofelbara egenskaper/förmågor för en Ledare

Prioritering/ranking/definitioner/förklaringar.

(gör ingenting om de till del/ibland överlappar varandra, snarare en fördel)

1. **Framgångstro/visionär.** Plattformen som hjälper oss att se längre fram. Långsiktig. Sätter strategi framför taktisk kortsiktighet. Ser möjligheter före svårigheter. Öppen för förbättringar. Du är **förändringsbenägen**, och ständigt lärande. Du inser att Darwins första lag: »En organism, som inte utvecklas i takt med, eller snabbare än omgivningen, den dör! – även gäller människor.

2. **Kompetens.** Kunnig/lärande/utvecklande. Du äger inte bara kunskaper, du förmår använda dem. Du är medveten om dina kvaliteter, och har gott självförtroende. Du kan dina områden, och har tillräckligt med insikter om branschen för att kunna bygga och förbättra koncept, och utveckla nya affärer.

3. **Ansvarsfull.** Du backar inte från dina uppgifter, skyldigheter eller åtaganden. Du skyller aldrig ifrån dig, eller slingrar dig inte, problem är till för att lösas. Du skyddar dina medarbetare, och tar på dig deras eventuella misslyckanden. Kvalitetstänkande ingår också i din mentala verktygslåda.

4. **Engagerad/närvarande.** Du stannar upp, funderar och fokuserar. Du »brinner« för uppgiften. Du välkomnar utmaningar, du »ser« dina medarbetare, du sätter företagets bästa framför dig själv. Du ger inte upp långsiktiga strategin för kortsiktiga taktiska dispositioner. Du engagerar dina medarbetare tidigt, i projekten.

5. **Humor/distans.** Du förmår skratta åt dig själv, dina fel och brister. Humor ger en välgörande distans, som hjälper dig se saker som de är. Du tar frågorna/projekten/uppgifterna på blodigt allvar, men inte nödvändigtvis dig själv. Humor är en underskattad egenskap, kanske det främsta styrmedlet som finns.

6. **Handlingskraftig.** Dynamisk/energisk/modig/offensiv. Du tar action utan att invänta »förvaltande« direktiv. Du har modet att fatta beslut som du står fast vid även när det »blåser kallt«. Du rullar inte tummarna till dess chansen är försvunnen. Du har civilkurage, och är orädd inför konflikter.

7. **Lyhörd/empatisk.** Lyssnande. **Lärande. Utvecklande.** Lagspelare. Du tar intryck av omgivningen, och försöker röra dig i takt med tiden. Du är inkluderande, inkännande, förstående, tillgänglig och lyhörd för medarbetarna, deras frågor och problem.

8. **Helhetsorienterad.** Du är »global« såväl som lokal. Du ser helheten före delarna. Laget före jaget. Du prioriterar långsiktiga lösningar före kortsiktigt »släckande av »bränder«. Du spelar hellre schacket än förblir en pjäs i händerna på andra.

9. **Lösningsorienterad.** Du ser lösningar på problem, före problem med lösningar. Du har förmåga till anpassning i stil med Darwins andra lag: *Det är inte den starkaste, inte heller den smartaste, utan den som bäst anpassar sig, som är vinnaren.* Du är snabb, kompetent och effektiv. Och funderar ständigt på helheten, samtidigt som konsekvenserna.

10. **Målfokuserad/koncentrerad.** Satsar på en linje/aktivitet före flera. Laserfokus i stället för glödlampan (som läcker energi som en sil). Du har förmågan att prioritera det som är viktigt framför det som är bråttom. Du är beslutsam, konsekvent, och orädd för konflikter.

11. **Kreativ.** Flexibel/öppen för idéer. Kreativ behöver inte nödvändigtvis innebära **innovativ**. Det räcker med förmågan att kombinera olika

kunskaper på nya sätt. Och tillhör du dessutom dem som förmår att ta idéer i mål, tillhör du de 5 % som driver företagen.

12. **Analytisk**. Metodisk/systematisk. Kan låta lite trist, men behöver inte övergå i defensivt förvaltande för det. Med väl underbyggda teorier, kan du mota motgångarna i farstun, samtidigt som du säkerställer framgång. Även **noggrannhet** följer med i mentala verktygslådan.

13. **Effektiv**. Du har god simultanförmåga, och förmår uträtta mycket på kort tid. Din förmåga att leverera bygger i hög grad på din talang för prioriteringar. Du är **produktiv**, du slösar inte på energi i onödan: dina insatser är betydligt större än läckagen; irritationer, frustrationer och surdegarna som du sällan låter ligga och jäsa.

14. **Rättfram**. Pålitlig/ordhållig/ärlig. Du är **konsekvent**. Du säger vad du ska göra, när du ska göra det, tar action och gör det. Du är **trygg,** säker och hederlig. Du förstår att lögner inte bara underminerar din självkänsla, de försämrar koncentrationen kring målfokus och hindrar dig från att nå ända fram.

15. **Rättvis**/oberoende. En svår balansgång eftersom den innefattar dina egna, personliga intressen. Du är humanisten som tycker om att se andra utvecklas. Du sätter laget framför jaget. Du håller dig gärna i bakgrunden, och låter andra få äran.

16. **Lojal**/solidarisk. Du är hundraprocentigt lojal mot företaget och medarbetarna. Du hänger aldrig ut andra, du tar ibland till och med på dig »skulden« även om du inte har orsakat problemet. Du värnar och vårdar varumärket, samtidigt som du alltid ställer upp, och utökar dina ansvarsområden, snarare än försöker bli av med arbetsuppgifter.

17. **Nyttig/vinstdrivande/lönsam.** Du sätter lönsamheten främst, den som ger företaget/divisionen, avdelningen handlingsfrihet. Du sätter intäkter framför utgifter, hårt arbete framför att se svåra saker som

»Svarte Petter« som det gäller att bli av med till varje pris. Smarta prioriteringar finns också i din mentala necessär.

18. **Konkurrenskraftig.** Tävlingsinriktad/drivande. Egenskaper som sprutar av energi, men som riskerar övergå i »spelande«. Gränsen kan vara hårfin. Bristande tålamod är din största fiende, **drivkraften** din bästa vän.

19. **Entreprenör.** Aktiv. Full av energi. Du tar för dig. Du ser hela tiden till att gå framåt, du är **drivande**, du tar action, du är ständigt aktiv, och lämnar med varm hand ifrån dig såväl jakten på titlar som personalvård.

20. **Vinnare.** Du ser möjligheter i allt vad du företar dig. En risktagare som går nära hindren, svårigheterna, som framgångsrika slalomåkare går nära käpparna. Du accepterar inte att komma tvåa, och är därför inte främmande för att skriva om regler, målsättning, budget och skaffa dig fördelar vad gäller fördelning av resurser.

21. **Smart.** Du är målfokuserad och har förmågan att tajma taktik med långsiktiga strategier. Din konkurrenskraftiga intelligens kombineras med förmågan att bedöma människors karaktärer, för att kunna använda dem för syftets goda och målsättningen. En sak som kan låta manipulativ, men så länge syftet är gott, är det förutsättningen för att sätta samman vinnande projektgrupper.

Röda Linjer

Och för den röda linjen, här är 7 egenskaper att välja mellan, eller välj ett eget ord. Röda linjer som är som ett tveeggat svärd. En stark resurs. Men som kan sätta dig i svårigheter om du inte är medveten om den. Varför ska jag identifiera den? – högre medvetenhet ger dig större förutsättningar att undvika att hamna i tunga uppförsbackar som du kanske kan förekomma OM du ibland kan bryta din röda linjes negativa del i fler tillfällen.

Välj endast en.

1. **Otålig.**

Den allra främsta »negativa« egenskapen, eftersom den lätt kan översättas handlingskraft, framåtanda och entreprenörskap.

(Ett tveeggat svärd, som det gäller att balansera)

2. **Envis.**

Förklaras med uthållig, målfokuserad,

3. **Passiv/förvaltare.**

Förklaras med eftertänksam, trygg, säker och ansvarstagande.

4. **Defensiv/feg.**

Förklaras med eftertänksam, trygg, säker och ansvarstagande. Avvakta vs onödiga risker.

5. **Risktagare.**

En nödvändig egenskap för utveckling. Alternativen stagnation, företagets långsamma död.

6. **Cynisk/kallhamrad.**

Föredrar rationella lösningar före känslomässiga. Tänker på företagets bästa. Det gör man bättre om man ser klart.

7. **Egocentrerad.**

Förklaras med målfokuserad, målinriktad, beslutsam och självförtroende.

Del 2: Att leda andra

Introduktion

Att leda som Lao Tzu – mot starka resultat

Lao Tzu hävdade att den bästa ledaren är den som knappt märks. Ursäkta, ska man gömma sig bakom en växt på kontoret? Nej, självklart inte – det handlar om att skapa en miljö där andra glänser, och där resultaten talar för sig själva. För när människor känner att de har kontroll och ägarskap, och när de stolt kan säga: »*Det där? Det fixade vi!*«, då har du lyckats. Paradoxalt nog är det när du släpper kontrollen som du verkligen får den.

Det här kräver dock något som många ledare helst undviker: tillit och tålamod. Att våga vara tyst när alla förväntar sig att du ska ta över. Att låta ditt team göra misstag – och lära sig av dem. Det är inget för den som älskar att glänsa på PowerPoint-presentationer eller plocka hem alla applåder på veckomötet. Det är för den modiga ledaren som vågar tro på kraften i andra.

Starka resultat kräver tillit (och en gnutta ödmjukhet)

Låt oss vara ärliga: det är frestande att vilja ha kontroll över allt och alla. »*Om jag bara håller koll på alla detaljer kommer resultaten att skina.*« Men Lao Tzu skulle nog säga något i stil med: »*Slappna av, överarbetade chef, det kommer bara skapa en hög med stress och mediokra resultat.*«

En värdebaserad ledare vet att framgång byggs med tydliga värderingar, tillit och samhörighet – inte genom mikromanagement. Vill du ha ett team som levererar på topp? Ge dem utrymme att tänka själva, friheten att ta beslut och ansvaret att leverera. Och när de lyckas? Kliv åt sidan och låt dem ta strålkastarljuset.

Men det krävs mod att släppa kontrollen. Att lita på att dina medarbetare inte bara kommer att lösa problemen, utan också briljera. Är det riskabelt? Självklart. Är det värt det? Absolut.

Ledarskapets paradox – syns minst, påverkar mest

Den största ledaren är inte den som syns mest. Det är den som, utan att synas, formar en kultur där människor tar ansvar, växer och gör sitt absolut bästa. Det är en paradox: Ju mindre du dominerar, desto mer framgångsrik blir du.

Så här är frågan: Skapar du en miljö där dina medarbetare med stolthet säger: »*Det var vi som gjorde det här!*«? Om ja – grattis, då har du inte bara skapat starka resultat, utan också ett arv av tillit och värderingar som kommer leva vidare långt efter att du gått vidare.

Och det är väl egentligen det ledarskap handlar om, eller hur? Att inte bara skapa resultat, utan att bygga en kultur där människor når sin fulla potential – utan att du behöver stå och vifta med en flagga.

Att leda andra är inte för de svaghjärtade. Det är en av de mest utmanande och betydelsefulla uppgifterna vi kan ta oss an. Det kräver balans mellan empati och beslutsamhet, och ibland kan det kännas som att navigera genom en storm utan karta. Men när det lyckas – när förtroende byggs och riktningen är tydlig – är belöningen inget mindre än transformativ.

För när allt kommer omkring är det den sortens ledarskap som inte bara bygger framgångsrika team – det bygger också en bättre värld.

Innehållsförteckning

Kapitel 1: Coaching och utveckling av medarbetare – Att frigöra potential

Att leda andra börjar med att hjälpa dem växa. Coaching handlar om att bygga medvetenhet, ansvar och självförtroende för att agera. Genom att lyssna, ställa frågor och guida kan du frigöra den dolda potentialen i varje individ.

Coachingens fyra pelare
1. Förtroende: Grunden för effektiv coaching. Skapa en öppen och trygg miljö.
2. Medvetandegöra: Hjälp medarbetare att identifiera sina styrkor och utvecklingsområden.
3. Utmana: Ställ frågor som inspirerar till reflektion och handling.
4. Hopp: Visa tro på deras förmåga att lyckas och bygg deras självförtroende.

Praktiska verktyg
- Planera regelbundna samtal med tydliga mål.
- Använd öppna frågor för att väcka insikter.
- Fira framgångar och förstärk positiva beteenden.

Kapitel 2: Kommunikation och konflikthantering – Nyckeln till starka relationer

Kommunikation är grunden för alla relationer. En ledare måste både kunna uttrycka sig tydligt och lyssna aktivt. Konflikter är en naturlig del av arbetslivet och bör ses som en möjlighet till tillväxt.

Effektiv kommunikation
1. Var tydlig, konkret och lyhörd.
2. Använd storytelling för att skapa engagemang och förståelse.
3. Bygg förtroende genom att vara transparent och ärlig.

Konflikthantering i tre steg
- Identifiera problemet: Fokusera på fakta och konkreta situationer.
- Lyssna med empati: Ge utrymme för alla parter att dela sina perspektiv.
- Skapa lösningar: Samarbeta för att hitta en väg framåt som fungerar för alla.

Kapitel 3: Teamutveckling och organisationskultur – Grunden för framgång

Att bygga starka team och en sund organisationskultur är kärnan i värdebaserat ledarskap. En kultur där människor känner sig delaktiga och inspirerade skapar hållbara resultat.

Bygg en stark kultur
- Lyft fram och utbilda nyckelpersoner som bär organisationens värderingar.
- Skapa möten som inte bara löser problem utan också stärker teamets samhörighet.
- Förankra era värderingar genom konkreta exempel och berättelser.

Teamutvecklingens tre steg
- Tillit: Utveckla en miljö där medarbetare vågar vara sig själva.
- Samarbete: Skapa utrymme för att alla ska bidra och känna ansvar.
- Engagemang: Ge teamet en tydlig vision och mål att sträva mot.

Kapitel 4: Motivation och engagemang – Att få teamet att blomstra

Motivation är drivkraften som får teamet att gå från att bara prestera till att briljera. Genom att skapa rätt förutsättningar kan du väcka engagemang även hos den mest motvilliga medarbetaren.

De sju nycklarna till motivation
1. Ge ansvar som inspirerar.
2. Visa uppskattning för framgångar.

3. Skapa en tydlig vision som alla kan samlas kring.
4. Erbjud utvecklingsmöjligheter.
5. Ge frihet att agera och fatta beslut.
6. Stärk framgångstro genom att visa hur deras arbete gör skillnad.
7. Hantera rädslor genom att skapa trygghet.

Undvik motivationssänkare
- Mikrostyrning och otydlighet.
- Kravlöshet och brist på uppföljning.
- Stagnerande arbetsuppgifter.

Kapitel 5: Förtroende och tillit – Kärnan i värdebaserat ledarskap

Förtroende och tillit är byggstenarna i ett framgångsrikt ledarskap. Genom att kombinera styrka och ödmjukhet kan du skapa en miljö där människor vågar ta ansvar och utforska sin potential.

Bygg förtroende
1. Var konsekvent och lev dina värderingar.
2. Kommunicera ärligt och med integritet.
3. Visa både styrka och flexibilitet i ditt ledarskap.

Tillitens kraft
1. Låt teamet känna att du litar på deras förmåga.
2. Uppmuntra självständigt tänkande och problemlösning.
3. Stå bakom deras beslut och ge stöd vid motgångar.

Sammanfattning av Del 2: Vägen till att leda andra

Att leda andra handlar om att inspirera, bygga relationer och skapa en kultur där människor vågar växa. Genom coaching, kommunikation, teamutveckling, motivation och förtroende lägger du grunden för hållbar framgång – inte bara för teamet utan för hela organisationen.

Från toppstyrning till värderingsdrivet ledarskap

Toppstyrning är dött. Länge leve värderingsdrivet ledarskap! Dagens arbetskraft har helt enkelt fått nog av gamla hierarkiska modeller där piska och morot regerade. Spoiler: det är 2025, och det är dags att inse att folk vill jobba med hjärta, hjärna och en klar känsla av syfte – inte för att någon chef har »sagt så«.

En inspirerande ledarskapsresa är den som Paul Polman, tidigare VD för Unilever, tog sig an. När han klev in som ledare för företaget beslutade han sig för att utmana status quo. Istället för att fokusera på kortsiktiga vinster och aktieägares krav, introducerade han »Unilever Sustainable Living Plan« – en långsiktig vision som satte planeten, människorna och hållbarhet i centrum. Det var ett radikalt drag som fick både investerare och branschen att höja på ögonbrynen.

Polman trodde på att driva affärer med värderingar. Han insåg att framtidens talanger inte bara ville arbeta för ett företag som skapade vinster – de ville skapa meningsfull förändring. Genom att kommunicera en tydlig vision, ge teamen autonomi och visa förtroende, lyckades Polman inte bara förbättra Unilevers resultat – han inspirerade också en hel generation ledare att tänka annorlunda.

Hans resa visar att värderingsdrivet ledarskap inte bara är en modern fluga. Det är ett sätt att skapa bestående framgång i en värld där medarbetare kräver autenticitet och syfte.

Låt oss prata om den yngre generationen – ja, de där »millennials« och »Gen Z« som ofta får höra att de är lata (men som lyckligtvis inte lyssnar på sånt snack). Här är vad de faktiskt är:

- **Mer självständiga:** De googlar hellre än att fråga dig om något.
- **Snabbare på att hitta lösningar själva:** Ett »problem« är för dem en Youtube-tutorial bort.

- **Mer kritiska till auktoriteter:** De köper inte »vi har alltid gjort så här« – förlåt, men det är så 1995.

Vill du att dessa briljanta men ifrågasättande individer ska prestera på topp? Då måste du ge dem något som får dem att tända på alla cylindrar: tydliga värderingar, ett syfte som känns och en målsättning som går bortom »fler Excel-rapporter«. För ärligt talat, vem springer snabbare för att fylla i en kolumn till?

Bygg framtidens ledare – här är dealen

Du måste släppa taget. Ja, det är läskigt, men det är precis vad som krävs. Här är vad du ska dumpa (och vad du ska omfamna istället):

- **Kontroll för förtroende:** Om du måste övervaka varenda detalj, gör du antingen fel – eller litar inte på ditt team.
- **Detaljstyrning för ansvar:** Ge människor utrymme att glänsa. De kanske till och med överraskar dig (på ett bra sätt!).
- **Långsamma treårsplaner för agil anpassning:** Förlåt, men världen förändras snabbare än du hinner säga »strategimöte«. Anpassning är det nya ledarskapet.

Så här är grejen: Om du inte vill bli ledaren som dina medarbetare undviker i korridoren, är det dags att vakna. Lämna kontrollsamhället bakom dig och kliv in i en värld där värderingar styr och förtroende är valutan. Det kanske låter som en risk – men den största risken just nu är att inte våga förändras.

Kapitel 1.

Coaching och utveckling av medarbetare

»Att bygga medvetenhet, ansvar, drivkraft och självförtroende för att agera!
Det är målet med coaching«

I början av 90-talet flyttade jag till Oslo för kärlekens skull. Jag kände ingen annan än min flickvän – och ja, vi kan väl säga att »spontant umgänge« var inte riktigt en grej i min kalender. Så vad gör man? Man signar upp på gymmet, såklart. Gymmet blev snabbt mitt andra hem, och det var där jag mötte Mark. En australiensare med lika mycket energi som en känguru på koffein och en passion för träning som nästan gjorde mig trött bara av att lyssna.

Mark hade bott i både Australien och USA och visste och kunde det som var värt att veta om personlig träning. Problemet? Ingen i Skandinavien visste vad personlig träning var. När han föreslog att vi skulle starta ett företag, tänkte jag först att han var galen. Men Mark var inte bara övertygande – han var en mästare på att coacha. Han såg potential i mig långt innan jag själv gjorde det.

Ett minnesvärt ögonblick: Vi satt i gymmets reception i centrala Oslo, drack kaffe (igen), och Mark frågade mig:

– Av alla människor som kommer in genom den här dörren, tror du att du med din erfarenhet och personlighet kan hjälpa 80% av dem att nå bättre resultat?

Jag stirrade på honom som om han precis hade föreslagit att jag skulle bestiga Mount Everest barfota.

– Kanske, svarade jag tveksamt.

Mark log. Han lutade sig fram och sa, med den där rösten som bara en sann coach kan ha:

– Varför tror du inte på dig själv då?

BOOM. Det där träffade mig som en hantel i huvudet. Och vet du vad? Jag började tro. Med Marks coaching fyllde jag min kalender med klienter, trots att jag fortfarande studerade heltid. Inom några månader tränade jag över 120 klienter i månaden. Det var som att plötsligt förstå att jag inte bara kunde klättra över hinder – jag kunde hoppa över dem.

Men här är det viktigaste: Det handlade aldrig om mig. Det handlade om processen.

Coaching handlar om att få andra att växa, att flytta sig från punkt A till punkt B. Det är inte din bakgrund, erfarenhet eller charm som avgör. Det är din förmåga att ställa de rätta frågorna, lyssna och guida.

Vad krävs för att coacha på elitnivå?

Låt oss vara ärliga: Det är inte lätt, men det är heller inte omöjligt. Hemligheten? Släpp egot vid dörren. Coaching handlar inte om dig – det handlar om den andra personen. Din roll är att lyfta fram deras styrkor, hjälpa dem att se sin potential och guida dem till att ta action.

Och om du tvivlar på om du kan? Kom ihåg detta: Om jag, som en 90-tals-student på ett gym i Oslo, kunde lära mig att coacha – då kan du också. Börja med en fråga: **Hur kan jag hjälpa den här personen att nå sitt nästa steg?**

Konsten att coacha medansvariga.

Vad är det viktigaste uppdraget i ledarskapet?

Det är en fråga som borde hänga som en tavla på varje ledares kontor, ingraverad i varje styrelserum och viskas som ett mantra på varje personalmöte. Vad är det egentligen vi gör? Svaret är både enkelt och monumentalt: **Att skapa resultat genom andra.**

Men låt oss vara ärliga – det är ofta här det går snett. Ledarskap är nämligen inte att vara den där ständiga fixaren, inte heller den som tar på sig hela världens problem och kör slut på sig själv. Nej, ditt jobb är att få andra att vilja – och kunna – prestera. Så hur gör du det?

Ledarskapets tre pelare

Om vi förenklar det till grunderna (för vi vet ju att allt blir enklare med listor), så handlar ledarskap om tre saker (precis som bokens indelning):

1. **Leda dig själv** – För om du inte kan leda dig själv, hur ska du då leda någon annan?
2. **Leda andra** – Coaching är hjärtat här. Det är inte bara en metod; det är ett mindset.
3. **Leda verksamheten** – Ingen gillar målstyrning… tills de inser vad som händer utan den.

Det är enkelt i teorin. Men sedan kliver vi in i verkligheten, där siffror från Gallup 2023 slår oss i ansiktet som en kall dusch:

- **24% av medarbetarna bromsar** – medvetet eller omedvetet motarbetar de allt du försöker uppnå.
- **63% glider med** – de gör precis tillräckligt för att inte sticka ut, och absolut inte mer än så.
- **13% driver framåt** – de är hjältarna, de som drar hela laget på sina axlar.

Så om du har ett team på tio personer: Två drar åt fel håll, sex sitter bara där och tittar på, och stackars en ensam kämpe cyklar framåt. Problemet? Om du inte gör något, tappar du snart den enda som faktiskt trampar.

Medarbetarsamtal som verktyg – inte slöseri

Vi vet alla att medarbetarsamtal är hatade av många chefer och älskade av HR. De flesta ser det som en ritual utan större mening – ungefär som att fylla i en enkät. Men tänk om du i stället ser det som din gyllene chans att coacha och skapa rörelse?

Använd samtalet för att introducera ett nytt mindset: **urgency.** Det finns inget bättre ord på svenska för den känsla av driv, fokus och »nu kör vi« som alla verksamheter behöver – särskilt nu när pandemier och distansjobb har raserat mycket av arbetsmoralen. Det är dags att väcka liv i teamet.

Coachingens fyra steg för att vända på skutan

Steg 1: Skapa förtroende

Inget coaching verktyg i världen funkar om det inte finns förtroende. Och nej, förtroende skapas inte av att du pratar högst i rummet eller alltid har rätt. Det handlar om att lyssna. Riktigt lyssna. Hitta gemensamma nämnare, dela lite av dig själv (ja, även dina svagheter – människor älskar det). Skapa en »vi-känsla« som gör att medarbetaren vågar öppna sig. Utan detta? Är du bara en chef som mästrar.

Steg 2: Medvetandegöra

95% av våra tankar och beslut är undermedvetna. Det är som att köra bil utan att veta vart du är på väg. Ditt jobb är att hjälpa medarbetaren att bli medveten om sitt nuläge och vart de faktiskt på riktigt vill gå. Lägg hälften av coaching tiden här. Ställ frågor som:

- Var är du just nu, och varför?
- Vad är du mest stolt över?
- Vilka är konsekvenserna om du inte väljer att agera?
- Om du skulle ta ETT steg härifrån, vilket steg skulle du börja med?

- Vilka skulle fördelarna vara om du »kom fram«
- Vad skulle det innebära för dig över tid?

Stanna upp tills du ser att gnistan tänds. Först när de verkligen förstår sin nuvarande situation och börjar visualisera sin ideala framtid kan de på allvar börja forma sin framtida vision.

Steg 3: Utmana

När du har medarbetarens förtroende och hen är medveten om sitt nuläge, är det dags att sätta press. Vi kör alla i »diket« till och från när vi bygger nya vanor och beteenden. Det är här du får kraft i att det faktiskt är dom själva som berättat var de står, vad de vill göra och varför. Därför är det relativt lätt att utmana dom.

Fråga saker som:

- Vad vill du egentligen?
- Vad var det som gjorde att du valde att vilja göra en förflyttning här?
- Vad var fördelarna som du såg om du började agera?
- Vad är du beredd att göra för att komma dit?
- Hur ser du till att du gör det – inte bara tänker det?

Det är här många ledare fegar ur. De vill inte verka »elaka« eller »pushiga«. Men om du inte utmanar, hur ska medarbetaren nå sin fulla potential? Du är inte där för att vara populär – du är där för att skapa resultat.

Steg 4: Mata med hopp och framgångstro

Här kommer hejaklacksledaren in. Nya beteenden gör att vi kör i diket till tider, och det är okej. Människor behöver tro på att framgång är möjlig – annars tar de aldrig action. Du måste vara den som ser deras potential, även när de inte gör det själva. Bygg deras självförtroende, men ge dem också verktygen för att lyckas. Och glöm aldrig: Du är där för att lyfta, inte bära.

Summering: Hur vallar du deras skidor?

Att leda är som att valla skidor. En del medarbetare behöver mer fäste – trygghet och stabilitet för att våga ta sig framåt. Andra behöver mer glid – frihet och inspiration för att maxa sitt driv. Din uppgift är att läsa av vem som behöver vad, och anpassa din coaching därefter.

Och till slut, en påminnelse: **Ledarskap handlar alltid om att skapa resultat genom andra.** Det är inte du som ska cykla snabbast – det är du som ska få hela laget att trampa.

Kapitel 2.

Kommunikation och konflikthantering – Nyckeln till starka relationer

Konsten att påverka andra människor – och faktiskt få dem att lyssna

Kommunikation är, utan tvekan, en av de mest underskattade superkrafterna i världen. Vi kommunicerar hela tiden – med ord, kroppsspråk, tystnader, och ibland till och med genom den där frustrerade blicken när PowerPoint-presentationen kraschar. Men låt oss vara ärliga: Hur många av oss är riktigt bra på att kommunicera? Riktigt bra, alltså – på att påverka, engagera och få folk att tänka »Wow, den här personen har något viktigt att säga.«

För att lyckas behöver du inte bara prata – du behöver skapa **inflytande**. Du behöver få folk att inte bara höra dig, utan att faktiskt lyssna. Det är en konstform. Så vad är hemligheten? Hur blir du en mästare på att påverka och få folk att köpa dina idéer, följa din vägledning och, ja, kanske till och med applådera efter ett möte?

Ett inspirerande exempel på kraften i kommunikation är historien om Martin Luther King Jr. och hans ikoniska tal »I Have a Dream«. På en varm augustidag 1963 samlade han över 250 000 människor vid Lincoln Memorial i Washington D.C. och förändrade historiens gång. Han visste att det inte räckte med att bara prata om jämlikhet – han behövde få människor att känna det i sina hjärtan.

King använde kraftfulla bilder och ett passionerat språk för att måla en vision av framtiden. Han sa inte bara vad han trodde på – han visade hur världen kunde se ut om människor följde hans vision. Hans upprepning av frasen »I have a dream« skapade en rytm som grävde sig djupt in i människors medvetande. Det var inte bara ett tal; det var en upplevelse.

Så vad kan vi lära oss av honom? Kommunikation handlar inte bara om ord. Det handlar om att skapa en känslomässig koppling, att visa din övertygelse och att använda din röst för att inspirera till handling. King byggde förtroende genom sin tydlighet och äkthet – han levde de värderingar han predikade, och därför lyssnade människor.

Den eviga frågan: Förtroende eller rädsla?

Redan under renässansen ställde Machiavelli den där klassiska frågan i »Fursten«: »Är det bättre att vara älskad än fruktad, eller tvärtom?« Hans svar? »Det är mycket säkrare att vara fruktad än älskad.« Okej, vi kan hålla med om att det funkade för honom (och kanske några tyranner genom historien), men låt oss vara realistiska. I dagens värld handlar ledarskap inte om att skapa rädsla – det handlar om att skapa tillit. För utan tillit har du ingenting. Folk lyssnar inte, följer inte och bryr sig definitivt inte.

Och ändå: Förtroende är inte något du bara kan begära. Det är något du måste förtjäna. Det är som att försöka balansera en tallrik med spaghetti på huvudet – det kräver fokus, skicklighet och en hel del övning.

Sju nycklar till inflytande

1. Förtroende – fundamentet för allt

Vill du påverka någon? Börja med att bygga förtroende. Utan det kommer du ingenstans. Förtroende handlar om autenticitet – att vara äkta. Människor måste känna att du är pålitlig, att du gör vad du säger och att du faktiskt bryr dig. Men här är det knepiga: Förtroende är skört. Det kan byggas upp under år, men krossas på en sekund (tänk bara på den där gången du »råkade« missa ett möte och skyllde på att du »inte såg mejlet«).

Hur bygger du då förtroende? Genom att visa upp en del av dig själv. Inte den perfekta versionen, utan den mänskliga. Ingen gillar en alltför polerad fasad – det känns lika pålitligt som en begagnad bilhandlare som lovar att »den har bara körts sparsamt«.

2. Charm – energigivare, inte energitjuv

Charm är inte att vara den högljudda i rummet eller den som drar de roligaste skämten. Det handlar om att ge energi, inte ta den. Du vet, de där människorna som får dig att känna dig bekväm, viktig och hörd. Det är charm. Vill du utveckla det? Lär dig att lyssna. Nej, jag menar verkligen lyssna. Inte »jag-väntar-bara-på-min-tur-att-prata«-lyssna, utan genuint lyssna.

3. Visat intresse – det handlar inte om dig
Här är en hård sanning: De flesta människor bryr sig inte om dig. De bryr sig om sig själva. Och det är helt okej – det är mänskligt. Vill du påverka någon? Visa att du bryr dig om dem. Ställ frågor, lyssna på deras svar och bygg relationer som inte handlar om vad du vill ha.
Som Harvey Mackay sa: »*Folk köper från människor de gillar.*« Det gäller inte bara produkter – det gäller idéer, visioner och ledarskap.

4. Kunskap och kompetens – aldrig sluta lära
Vill du ha långsiktigt inflytande? Då måste du visa att du är kompetent. Och nej, det betyder inte att du måste veta allt (ingen gillar en besserwisser). Det betyder att du ständigt utvecklas, lär dig och förbättrar dig själv. Människor följer de som är experter, men också de som visar att de är villiga att växa. Vad ska du bli vassare på de nästa 6 månaderna?

5. Starka karaktärer – gör vad du säger att du ska göra
Integritet är grunden för all påverkan. Människor följer de som lever som de lär. Om du säger att du ska göra något – gör det. Om du säger att du står för något – stå för det, även när det är svårt. Det är enkelt i teorin, men så många misslyckas med detta i praktiken.

6. Undvik energitjuvarna – arrogans, besserwisser-attityd och otacksamhet
Det här är döden för inflytande. Arroganta människor kan få makt, men de behåller den sällan. Samma sak gäller besserwissrar som aldrig låter någon annan få rätt. Och otacksamhet? Det är som att släppa en handgranat i rummet – det förstör allt.

7. Var offensiv – se möjligheter, inte hinder
De mest inflytelserika människorna är de som ser framåt, inte bakåt. De som talar om lösningar, inte problem. De som utstrålar hopp och tro på

framtiden. Inflytande handlar om att vara en ledstjärna – någon som andra vill följa, inte för att de måste, utan för att de vill.

Retorik och argumentationsteknik

Konsten att övertyga – och göra det som en mästare

Det finns en avgörande skillnad mellan att prata och att faktiskt bli hörd. Vi har alla varit där – lyssnat på någon som verkar tala i evigheter men lämnar oss med absolut ingenting, eller den där gången vi själva försökte övertyga och fick tillbaka ett tomt, blankt stirrande från vår publik. Så, vad är hemligheten för att argumentera och övertyga framgångsrikt?

Här är sanningen: Din förmåga att argumentera är skillnaden som gör skillnaden. Det gäller oavsett om du försöker sälja en idé till dina medarbetare, vinna en diskussion med din partner hemma, eller pitcha en lösning till dina kunder. Och precis som med allt annat – förberedelse är nyckeln. Det är inte din karisma eller charm som vinner, utan din förmåga att vara förberedd, strukturerad och relevant.

Ett strålande exempel på kraften i argumentationsteknik är historien om Malala Yousafzai. Efter att ha överlevt en brutal attack från talibanerna för sin kamp för flickors rätt till utbildning, stod hon inför en global publik i FN 2013. Trots sin unga ålder och en enorm press visade Malala prov på mästerlig retorik. Hon använde sin historia, sin passion och sin tydliga struktur för att få världens ledare att lyssna.

Malala sa: »En penna och en bok kan förändra världen.« Med enkla men kraftfulla ord målade hon upp en vision av vad som stod på spel. Hon använde sin personliga erfarenhet för att skapa en känslomässig koppling och stödde sitt budskap med fakta och en tydlig uppmaning till handling. Det var inte bara vad hon sa, utan hur hon sa det – hennes retoriska skicklighet kombinerad med en genuin övertygelse gjorde att hennes ord ekade långt efter att talet var över.

Hennes framträdande påminner oss om att argumentation inte bara handlar om att vinna en diskussion. Det handlar om att förändra sinnen, skapa rörelse och inspirera till handling. Malalas berättelse är ett bevis på att med rätt teknik och en tydlig övertygelse kan din röst nå och påverka även de största arenorna.

Argumentationens grundstenar: Förberedelse och struktur

Om det är något du ska ta med dig från detta, låt det vara detta: **80% av din framgång ligger i förberedelsen.** Det handlar om att veta vad du vill säga, varför du vill säga det, och hur det landar hos mottagaren. Här är en enkel men kraftfull modell som hjälper dig bygga dina argument:

EFN-modellen:

- **E** står för egenskaper: Vad är det du presenterar? Det kan vara en produkt, en idé, en förändring – vad det är, vad det kan och vad det gör.
- **F** står för fördelar: Och här handlar det om fördelar för vem? Jo, mottagaren.
- **N** står för nyttan: Vad innebär det för mottagaren, vad vinner de på det här? Vad sparar de? Vad slipper de?

Det vanligaste misstaget är att fastna i egenskaperna – vad produkten, idén eller förändringen *är, eller gör*. Ingen bryr sig om det om du inte kopplar det till vad det gör för mottagaren, vad är fördelarna för dom? **Spara, vinna eller slippa – det är nyckeln.**

Den retoriska dispositionen: Bygg ditt budskap som ett mästerverk

Vill du verkligen lyckas övertyga? Då behöver du en struktur som fungerar som ett arkitektoniskt mästerverk. Här är hur du bygger upp det:

1. **Inledning:** Fånga intresset. Det kan vara en fråga, en anekdot eller ett överraskande faktum. Få din publik att vilja höra mer.

2. **Bakgrund:** Sätt scenen. Varför är det här relevant? Vad har lett oss hit? Bygg förståelse. Bakgrund handlar om att lägga upp »bollen på straffpunkten« så du kan sparka in den med ditt huvudbudskap

3. **Huvudbudskap (tes):** Vad är kärnan? Vad är det du vill säga? Var tydlig och konkret.

4. **Argument:** Här är din chans att bevisa att det du säger är sant. Det är här EFN-modellen glänser.

5. **Förebygg invändningar:** Det här är mästarnas drag. Fundera över vad folk kan invända mot – och svara på det innan de ens hinner fråga.

6. **Avslut:** Summera kraftfullt och lämna din publik med en tydlig »call-to-action« eller något att fundera över.

Presentationsteknik för ledare: Där retorik möter verkligheten

Att bemästra presentationsteknik är en konst som kräver mer än bara innehåll. Det handlar om hur du levererar – om att skapa ett band med din publik, inspirera och lämna ett intryck som dröjer kvar långt efter att du slutat prata.

Ett lysande exempel på kraften i presentationsteknik är historien om Steve Jobs och hans legendariska produktlanseringar. När han presenterade den första iPhonen 2007, förändrade han inte bara hur vi ser på teknik – han visade också vad en mästerlig presentation handlar om. Jobs förstod att en bra presentation inte bara handlar om att informera – det handlar om att fängsla.

Med enkelhet och precision tog han sin publik på en resa. Han använde tydliga bilder och grafiska element, höll sig till tre huvudpoänger och byggde gradvis upp spänningen genom att säga: »Today, Apple is going to reinvent the phone.« Hans leverans var självsäker, hans språk enkelt, och hans passion för det han presenterade var smittsam. Jobs visade att en presentation är mer än fakta – det är en upplevelse.

79

Så vad kan vi lära oss av honom? Framgångsrika presentationer handlar inte om att överösa publiken med information. Det handlar om att skapa en känslomässig koppling, att göra det enkelt att förstå och, viktigast av allt, att få människor att känna sig inspirerade.

1. Förberedelse är allt

Du skulle aldrig hoppa på ett plan där piloten säger, »Jag tror jag hittar fram.« Samma sak gäller för din presentation. Använd 3*H-modellen: Vad vill du att de ska veta (**hjärna**)? Vad vill du att de ska känna (**hjärta**)? Och viktigast av allt – vad vill du att de ska göra (**hand**)? Genom att tänka i dessa tre dimensioner säkerställer du att din presentation berör både det rationella, det emotionella och det handlingskraftiga.

2. Känn din publik

Du skulle inte tala om aktiemarknaden till en förskoleklass, eller? Anpassa din kommunikation till majoriteten av målgruppen. Vad bryr de sig om? Vilka är deras utmaningar? Tala deras språk.

3. Kroppsspråk och röst

Ditt kroppsspråk säger ofta mer än dina ord. Var öppen, håll ögonkontakt och använd gester som förstärker dina poänger. Och rösten? Variera tempo och ton. Monotoni är presentationens dödsdom.

4. Visualisera dina poänger

En bild säger mer än tusen ord – men bara om bilden är tydlig. Håll dina presentationer enkla och snygga. Undvik textväggar som får folk att gäspa innan du ens börjat.

5. Hantera nervositet

Alla är nervösa. Skillnaden är att de bästa hanterar det som ett proffs. Öva, andas och kom ihåg – publiken är inte där för att döma dig. De vill att du lyckas.

6. Engagera din publik

Ställ frågor, dela historier och få dem att känna sig delaktiga. Ingen gillar att bara bli matad med fakta – gör det levande!

7. Avsluta med kraft

Sammanfatta dina huvudpoänger och lämna din publik med något att tänka på eller agera på. Det sista du säger är ofta det de kommer att komma ihåg bäst – gör det minnesvärt.

Summering: Retorikens konst är din nyckel till framgång

Argumentationsteknik och retorik är inte bara för politiker eller jurister – det är för alla som vill påverka och inspirera. Din struktur, dina förberedelser och din förmåga att läsa din publik är det som skiljer en bra presentation från en oförglömlig sådan.

Så nästa gång du ställer dig framför en grupp människor, fråga dig själv: Är jag här för att prata – eller för att »connecta« och övertyga? Om svaret är det senare, då vet du precis vad du ska göra. Använd EFN, bygg din retoriska disposition, och leverera som en mästare.

För som med allt annat i livet: Det är inte vad du säger som räknas – det är vad de hör, känner och tror på.

Att hantera konflikter

You can't stop the waves, but you can learn to surf.« — Jon Kabat-Zinn

Konflikter är en naturlig del av relationer och ledarskap. För en värdebaserad ledare handlar det inte om att undvika konflikter – utan om att hantera dem med mod, tydlighet och en vilja att skapa förståelse. Konflikter kan vara obekväma, men de är samtidigt en chans att skapa klarhet och bygga starkare relationer.

Konflikter: En möglig macka vi måste hantera

Konflikter är som en ostmacka med mögel under smöret. Vi kan lägga på mer smör och hoppas att ingen ser problemet, men det förändrar inte vad som ligger under. Förr eller senare blir hela mackan oätlig.

Det är precis så konflikter fungerar. Om vi ignorerar dem, växer de och sprider sig. Att hantera konflikter handlar om att ta fram kniven, skrapa bort möglet och sätta ord på det som alla ser men ingen vågar prata om. Det är obekvämt, ja, men det är också nödvändigt.

Ett inspirerande exempel på vikten av att hantera konflikter kommer från Howard Schultz, grundaren och VD:n för Starbucks. När Schultz återvände till företaget under en krisperiod 2008, upptäckte han att företagskulturen hade förlorat sitt fokus. Relationerna mellan ledning och medarbetare var spända, och kommunikationen präglades av osäkerhet och undvikande av problem.

Schultz valde att inte sopa problemen under mattan. Han organiserade en serie öppna forum där medarbetare från alla nivåer i företaget fick dela sina ärliga åsikter om vad som hade gått fel. Han lyssnade inte bara, utan tog till sig kritiken och började omforma kulturen från grunden. Ett exempel var att han öppet erkände sina egna misstag som ledare och uppmanade sitt team att göra detsamma.

Denna strategi byggde inte bara broar mellan ledning och medarbetare – det inspirerade även till förnyad energi och en känsla av gemensamt ansvar. Genom att hantera konflikterna med mod och tydlighet lyckades Schultz inte bara rädda Starbucks, utan även återupprätta förtroendet inom organisationen.

Tydlighet – en värdebaserad ledares vapen

Tydlighet är nyckeln i konflikthantering. En värdebaserad ledare vet att vaga påståenden och halvhjärtade försök till lösningar ofta förvärrar situationen. Istället krävs konkret kommunikation och ärlighet.

Om du till exempel behöver ta upp en försenad deadline med en kollega, säg inte bara: »Vi behöver bli bättre på att hålla tidsramar.« Det är för generellt och leder ingenstans. Säg istället: »Jag märkte att vi missade deadline på det senaste projektet. Kan vi prata om vad som hände och hur vi kan undvika det framöver?«

Den här typen av tydlighet handlar inte om att skuldbelägga. Det handlar om att skapa förståelse och bygga förtroende för framtiden.

Tre steg för att hantera konflikter

1. **Få syn på problemet:** Identifiera vad konflikten verkligen handlar om. Är det en specifik händelse, en otydlig förväntan eller ett beteendemönster som måste adresseras? Var konkret och faktaorienterad.
2. **Lyssna med öppenhet:** Ge alla parter möjlighet att dela sina perspektiv. En värdebaserad ledare lyssnar aktivt och utan fördomar. Förståelse byggs inte av att vänta på din tur att prata – den byggs genom att verkligen höra vad andra säger.
3. **Hitta lösningar tillsammans:** Konflikter handlar inte om att vinna eller förlora. Det handlar om att hitta lösningar som fungerar för alla. Det här är din väg, det här är min väg. Fråga: »Vad kan vi göra framöver för att hitta en gemensam väg för oss alla?«

En avslutande reflektion

Att hantera konflikter är ingen konst, det är ett hantverk. Det kräver mod, tydlighet och en vilja att ibland bli obekväm. Men belöningen är enorm: starkare relationer, bättre team och en miljö där människor vågar vara sig själva. En värdebaserad ledare ser konflikter inte som hinder utan som möjligheter att skapa långsiktig framgång.

Så nästa gång du ser en möglig macka, plocka fram kniven och kasta smöret. Du kommer inte bara tacka dig själv senare – ditt team kommer göra det också.

»Don't let the fear of losing be greater than the excitement of winning.«
— Robert Kiyosaki

Kapitel 3.

Teamutveckling och organisationskultur – Grunden för framgång

En lantbrukare bestämde sig för att så. När han sådde föll några av sädeskornen vid vägkanten, och fåglarna kom och åt upp dem. Några korn föll där marken var stenig och där det fanns alltför lite jord. Säden växte snabbt upp, men snart vissnade den i den heta solen och dog. Andra korn föll bland törnbuskarna som kvävde och hindrade säden från att växa upp och ge fullmogna ax. Men några korn föll i god jord och gav igen trettio gånger så mycket som såtts, och en del sextio eller hundra gånger så mycket.

Det här är mer än bara en berättelse – det är en spegelbild av organisationskultur. För en värdebaserad ledare handlar det inte bara om att leda människor, utan om att skapa rätt förutsättningar för att teamet ska växa och blomstra. Frågan är: hur ser den goda jorden ut i din organisation? Och kanske viktigare, hur säkerställer du att alla i organisationen förstår värdet av att odla och vårda den?

Metaforerna kan hjälpa oss att förstå. I den underbara filmen *Välkommen Mister Chance* blir en enkel trädgårdsmästare rådgivare åt den amerikanske presidenten. Hans råd, »I en trädgård måste man styra efter årstiderna, annars kommer aldrig trädgården att bära frukt,« är en påminnelse om att ledarskap kräver tålamod, strategi och timing. För att skapa en blomstrande organisationskultur måste vi både vårda och vänta.

Samma färg på tröjorna (SFPT)
– skapa en kultur av samarbete och ansvarstagande

> *»Den bästa tiden att plantera ett träd var för 20 år sedan.*
> *Den näst bästa tiden är nu«*

Vad betyder det egentligen? Jo, det handlar om att bygga en stark och väletablerad grund – nu, idag. Det handlar om att säkerställa att ditt team inte bara spelar samma match, utan också spelar för samma mål – samma färg på tröjorna (SFPT).

SFPT är inte en floskel, det är en filosofi. Det är vanan att bete sig enligt organisationens kärnvärden, från topp till tå. Det är att säkerställa att alla vet vem som gör vad och när. Och det handlar inte om titlar, utan om att bygga ett team där alla drar åt samma håll.

Ett inspirerande exempel på detta kommer från Nelson Mandelas ledarskap under rugby-VM 1995 i Sydafrika. Mandela såg sporten som ett sätt att ena ett splittrat land. Trots att rugby tidigare symboliserat apartheid för många, satte Mandela på sig lagets gröna tröja och stod sida vid sida med spelarna. Han förstod kraften i symboler och samarbete för att skapa enighet.

Genom att bära samma färg på tröjan som laget skickade han ett kraftfullt budskap: Sydafrika är ett lag, och varje medborgare spelar en viktig roll. Hans handlingar visade att verkligt ledarskap handlar om att inspirera andra att tro på ett gemensamt mål och arbeta tillsammans för att nå det.

Att skapa SFPT handlar inte bara om att alla ska vara överens – det handlar om att skapa en kultur där olikheter omvandlas till styrkor och där varje individ känner sig som en del av något större. Det är en filosofi som bygger broar, inte murar.

Så låt oss börja med ett exempel – en klassiker från arbetslivet: IT-avdelningen vs affärssidan.

När IT och affärssidan spelar olika matcher

Du har sett det förut: Affärssidan vill ha snabba lösningar och IT försöker balansera kravlistor längre än en julönskelista. Det är som om de spelar två helt olika sporter. Här är fem klassiska exempel på hur det går fel – från båda sidor:

Affärssidan:

1. **Låser in budgeten för tidigt.** Budgeten sätts innan behoven ens är tydliga, vilket skapar konflikter längre fram.

2. **Skyller på IT vid misslyckanden.** Om projektet inte lever upp till förväntningarna, pekar man finger utan att reflektera över sin egen roll.

3. **Kräver allt, men behöver lite.** Det som beställs är ofta större än vad som faktiskt används.

4. **Ändrar sig utan konsekvensanalys.** Ändringar i projektet leder sällan till uppdaterade budgetar eller planer.

5. **Undviker att förstå sina behov.** Man lägger inte tiden på att förstå problemen och förväntar sig att IT ska lösa dem.

IT-avdelningen:

1. **Levererar vaga uppskattningar.** Tids- och kostnadsramar baseras på bristfällig information, vilket skapar problem längre fram.

2. **Mäter fel saker.** Fokus ligger på tekniska detaljer istället för att skapa affärsvärde.

3. **Överprioriterar teknik.** Den senaste tekniken blir viktigare än att lösa det faktiska problemet.

4. **Brist på respekt inom teamet.** Utvecklare, testare och analytiker ser ner på varandras roller.

5. **Kommunicerar utan affärsfokus.** Man förklarar tekniska lösningar utan att knyta an till affärens behov.

Så, hur bryter vi barriärerna?

Det första steget är att sluta se affärssidan som kunden och IT som leverantören. Istället bildar de ett gemensamt team som rapporterar direkt till ledningen. De har samma mål, samma ansvar och – självklart – samma färg på tröjorna.

Det handlar om att skapa en kultur där ansvarstagande inte är valfritt. Där samarbete är standard och där alla förstår att det enda sättet att vinna är att spela som ett lag.

Fyra steg för att stärka din organisationskultur

1. VNP'er – Värdebaserade Nyckelpersoner

Om du vill bygga en hållbar organisationskultur, börja med att identifiera dina Värdebaserade Nyckelpersoner (1-3 st). Dessa individer är mer än bara medarbetare – de är fanbärare för dina kärnvärden. Deras roll är avgörande för att etablera och förstärka ett värdebaserat ledarskap.

Att hitta och utbilda dessa personer kräver fokus och medvetenhet. Men när du väl har dem på plats, är de som fundamentet för din organisation. Med deras stöd kan nästan ingenting skaka de kärnvärden som utgör din organisations själ.

VNP'er är också viktiga för att sätta tonen i organisationen. Genom att lyfta fram deras handlingar och engagemang, skapar du förebilder som andra i teamet kan inspireras av. Kom ihåg att ledarskap inte bara handlar om att delegera, utan också om att modellera det beteende och de värderingar du vill se i organisationen.

2. Möten som inspirerar

Varje möte är en möjlighet att förstärka dina kärnvärden. Istället för att bara gå igenom agendan, börja med 3-5 minuter där du fokuserar på något som speglar er kultur. Det kan vara en berättelse, en kort video, eller en insikt från veckan som gått. Ge även teamet chansen att bidra genom att rotera ansvaret för dessa minuter. Du kommer bli förvånad över den kreativitet och energi detta skapar över tid.

Möten handlar inte bara om att lösa problem – de är plattformar för att påminna alla om varför ni gör det ni gör och vad som verkligen betyder något. Fundera på detta: När var senaste gången du använde ett möte för att fira en liten framgång eller lyfta fram någon som lever era värderingar fullt ut? Små handlingar som dessa kan ha en enorm inverkan på teamets engagemang.

3. Ditt »VARFÖR« bakom värderingarna

Värderingar utan ett tydligt »varför« är som en karta utan kompass. Det är vårt »varför« som motiverar oss att ta oss igenom hinder och svårigheter. Som värdebaserad ledare är det din uppgift att regelbundet påminna teamet om varför dessa värderingar spelar roll. Varför valde ni just den här vägen? Vad är det ni strävar mot?

När människor förstår det djupare syftet bakom era värderingar, blir de inte bara mer motiverade – de blir också mer engagerade och uthålliga. Ett sätt att förankra detta »varför« är att knyta det till konkreta berättelser. Exempelvis: Hur har ett av era kärnvärden hjälpt er att övervinna en utmaning eller skapa framgång? Historier har en unik kraft att skapa kopplingar och förstärka meningen bakom era val.

Företagets själ och produktivitetens pris

SEB:s Marcus Wallenberg har talat om »företagets själ« – en påminnelse om att en stark organisationskultur är själva grunden för långsiktig framgång. Detta får stöd av en amerikansk Gallupundersökning från 2018, som visade att mer än två tredjedelar av medarbetarna var oengagerade i sina jobb. Denna brist på engagemang kostade företagen cirka 500 miljarder dollar i förlorad produktivitet.

Det visar att utan en levande företagskultur som engagerar, inspirerar och riktar medarbetarna, förlorar organisationen mer än bara pengar – den förlorar sin själ.

4. Individuella avstämningar

Ken Blanchard beskriver i »One Minute Manager« vikten av regelbundna, korta avstämningar. Som ledare handlar det inte om att ge långa föreläsningar, utan om att ställa insiktsfulla frågor som hjälper medarbetarna att reflektera över sina handlingar och mål. Fråga: »Vad tycker du att vi kan göra bättre?« eller »Hur tycker du att vi lever upp till våra värderingar?«

Genom att skapa utrymme för självreflektion, lägger du ansvaret där det hör hemma – hos individen. Detta är nyckeln till att bygga en kultur där alla känner sig delaktiga och ansvariga. Glöm inte att regelbundna avstämningar inte bara stärker individen – de bygger också tillit och relationer mellan ledare och medarbetare.

Livskraftiga företagskulturer

Petter Stordalen uttrycker det väl: »Du kan kopiera strategier och marknadsplaner, men du kan aldrig kopiera en kultur.« Kulturen är hjärtat i organisationen, och människorna är dess puls. En stark företagskultur mäts inte bara i framgång – den märks i låga sjukfrånvarotal, högt engagemang och i känslan av att vara en del av något större.

När Lehman Brothers kraschade 2008, stod världen inför en ekonomisk storm. Många företag byggde vindskydd och försökte vänta ut kaoset. Men de som verkligen lyckades? De byggde väderkvarnar och använde vinden för att skapa energi.

Det är samma sak med företagskulturen. Du kan inte förutse alla utmaningar, men du kan bygga en organisation som är snabbfotad, dynamisk och redo att agera.

Här är nyckeln: Släpp treårsplanerna och fokusera på att skapa resultat här och nu. Och kom ihåg – brister i företagskulturen är ingenting du fixar med silvertejp.

En kultur som bygger på värderingar är också motståndskraftig. Oavsett om det handlar om att hantera konflikter, fatta svåra beslut eller navigera genom förändring, kommer kulturen alltid att visa vägen. Så nästa gång du funderar över hur du kan stärka din organisation, fråga dig själv: Vad är min goda jord? Och hur kan jag göra den ännu bördigare?

Sammanfattning

Som värdebaserad ledare är din uppgift att skapa en miljö där både människor och idéer kan växa. Det handlar om att identifiera rätt personer, använda varje tillfälle att förstärka era värderingar och hela tiden påminna om det djupare syftet. Och viktigast av allt – att aldrig tappa fokus på kulturen, för det är den som definierar allt annat.

»Människor kör företag, och värderingar styr människor.
En stark kultur – skapar starka resultat.«

Att leda med förtroende och tillit – eller konsten att vara både stark och böjbar

Tänk på naturen. Palmen som böjer sig i Karibiens stormar överlever där ekar knäcks. Vattnet som mjukt och tålmodigt nöter ner hårda klippor vid havskanten. Är det svaghet? Knappast. Naturen vet något som många ledare glömmer – att styrka ofta ligger i flexibilitet.

Ett lysande exempel på detta är Angela Merkel, som under sin tid som Tysklands förbundskansler visade just denna balans. När Europa stod inför flyktingkrisen 2015, tog Merkel beslutet att välkomna hundratusentals flyktingar. Trots enorm press från både inrikes och utrikes håll, höll hon fast vid sina värderingar. Hon var stark i sin övertygelse men böjbar i sin förmåga att förhandla och samarbeta med andra EU-länder. Det var inte ett enkelt beslut, men hennes ledarskap visade att mod och tillit till mänsklighetens bästa kan skapa varaktiga förändringar.

Arbetsdisciplin – Bygg momentum, inte martyrskap

Arbetsdisciplin handlar inte om att visa hur länge du kan stanna på konto-
ret, utan om att skapa ett momentum som inspirerar andra. Här är tre sätt
att leda med disciplin utan att bränna ut dig:

1. **Starta med tydlighet.** Börja dagen med en 10-minuters planering av
   de tre viktigaste sakerna du ska uppnå. När du prioriterar det som ska-
   par mest värde först, blir du både produktiv och fokuserad.
2. **Bli en mästare på mikropauser.** Använd 5-10 minuter varannan
   timme för att reflektera och samla tankarna. Det handlar inte om att
   jobba mer, utan att jobba smartare med en högre verkningsgrad.
3. **Led genom att leverera.** Din disciplin syns inte i hur mycket du gör,
   utan i resultatet du uppnår. Låt ditt agerande tala högre än din när-
   varo.

Ett Inspirerande Exempel: Marie Curie

Ett inspirerande exempel är Marie Curie, som trots enorma hinder för kvin-
nor inom vetenskapen på sin tid fokuserade på det som verkligen spelade
roll – banbrytande forskning. Hennes arbete med radioaktivitet, som hon
ägnade sitt liv åt, lade grunden för stora medicinska framsteg och nobel-
priser inom två olika vetenskapsområden.

Genom att ignorera distraktioner och sociala förväntningar fokuserade
Curie på sitt syfte och visade att uthållighet och riktning kan leda till ge-
nombrott som förändrar världen. Hennes arbete inspirerar oss att priori-
tera det som verkligen gör skillnad.

Böjbara arbetsbeskrivningar – Från stel rutin till dynamiskt värdeskapande

Arbetsbeskrivningar behöver inte vara som gammaldags manualer som
dammar i ett arkivskåp. De kan istället vara dynamiska verktyg som skapar
värde och lockar fram det bästa ur varje medarbetare. Här är tre steg för att
skapa böjbara arbetsbeskrivningar:

1. **Byt ut »rutin« mot »potential.«** Istället för att fastna i gamla uppgifter och processer, identifiera vilka moment som skapar mest värde för teamet och organisationen. Prioritera dessa och eliminera eller automatisera det som bara stjäl tid.
2. **Anpassa roller efter talanger.** Sluta tvinga in människor i för trånga arbetsbeskrivningar. Se varje individ som en unik resurs och utforma roller som låter deras styrkor blomstra. Om någon är fantastisk på storytelling – låt dem ta mer plats i kommunikationen. Om någon är en expert på data – gör dem till din analytiska kompass.
3. **Inför värdeskapande uppdrag.** Lyft medarbetarna genom att ge dem nya, utmanande uppgifter som ligger i linje med företagets vision och värderingar. Det skapar inte bara motivation utan driver också innovation och tillväxt.

Ett exempel är Zappos, det amerikanska företaget känt för sin kundtjänst. Zappos uppmuntrar sina medarbetare att tänja på gränserna för sina roller för att ge kunderna minnesvärda och personliga upplevelser. Ett team på Zappos lyckades till exempel ordna en skräddarsydd lösning för en kund genom att gå utanför standardrutinerna och samarbeta med flera avdelningar. Denna flexibilitet och fokus på kundens behov har gjort Zappos till en förebild inom kundservice.

Möten – Färre, kortare, bättre (och med en dos böjbarhet)

Möten är ofta där kreativitet går för att dö. Men med rätt inställning kan de bli kraftfulla verktyg för förändring och inspiration:
1. **Minska** antalet möten tills folk faktiskt saknar dem (ja, det är möjligt).
2. **Böj** mötesformaten – stå upp, gå ut, gör dem digitala eller bara hoppa över dem helt om de inte tillför värde.
3. **Börja alltid** möten med en storytelling eller ett konkret exempel kopplat till **värderingarna**. Det är som att kickstarta mötet med en kopp riktigt stark espresso.

Ett inspirerande exempel är Amazons »two-pizza rule.« Jeff Bezos, företagets grundare, skapade en enkel regel: inget möte ska vara så stort att två pizzor inte räcker för att mätta deltagarna. Detta ledde till mindre, mer effektiva möten där alla hade en chans att bidra.

Och här är den viktiga frågan: I vilket tillstånd vill du att dina mötesdeltagare lämnar rummet?

Vill du att de ska känna sig inspirerade, framåtlutade och handlingskraftiga – eller problemtyngda och vilsna? Ett tips? Avsluta alltid med en positiv framåtblick. Lyfta vad ni har uppnått, förtydliga nästa steg och påminn om varför ni gör det ni gör. Tips; Byt ut »övriga frågor« mot »dagens framgångar« eller »vad tar vi med oss?«. Det skapar energi och riktning, snarare än att suga ut den.

Det böjbara ledarskapet – Flexibel styrka som strategi

Och här kommer vi till kärnan. Det böjbara ledarskapet är din superkraft. Det handlar inte om att vara svag eller att vika sig, utan om att vara lyhörd, flexibel och samtidigt stå för din övertygelse.

1. **Håll dig stark genom att böja dig.** Tänk på palmerna i Karibiens stormar. De böjer sig men knäcks aldrig. Var som palmen – böj dig i motvinden, stärk dina rötter och res dig igen.

2. **Utmana dina egna valda sanningar.** Se på världen från olika perspektiv. Tänk på yin och yang – inget upp utan ett ner, inget in utan ett ut. Våga sätta dig på andra sidan bordet och ifrågasätt dina egna övertygelser. Det gör dig inte svag – det gör dig smart.

3. **Styr din hjärna – och låt hjärnan styra dig.** Som Carol Dweck säger: Din hjärna är en muskel. Träna den att tänka flexibelt. Använd den till att bygga lösningar, inte hinder.

4. **Se oenigheter som möjligheter.** J.K. Rowling fick tolv refuseringar innan Harry Potter blev verklighet. Hon vände varje motgång till en lärdom. Vad kan du göra med dina?

Sammanfattning: Led som en mästare i både styrka och flexibilitet

Att leda med förtroende och tillit är inte att vara oböjbar – det är att balansera styrka och anpassningsförmåga. Som ledare är du både klippan och vattnet, stormen och palmen. Du är den som visar vägen genom att lyssna, ställa frågor och våga tänka om.

Så nästa gång du står inför en utmaning, fråga dig själv:

- Vad kan jag böja utan att bryta?
- Hur kan jag stärka teamet genom flexibilitet?
- Kan vi hitta en gemensam väg?

Om du bara följer hälften av dessa råd, lovar jag att du dyrkar upp dörren till ett ledarskap som inspirerar och håller över tid. Resten? Det fixar du med lite humor och gott kaffe.

Kapitel 4.

Att motivera och engagera teamet – konsten att väcka liv i cykeln som stannat

»Människor glömmer vad du säger, människor glömmer vad du gör, men människor glömmer aldrig hur du får dem att känna.«
– Maya Angelou

Enligt en Gallupundersökning från 2023 – när alla borde förstå att vi inte bara ska dra våra strån till stacken utan hela stockar – visade det sig att endast 13 % av medarbetarna är motiverade. På en 10-mannacykel innebär det att 1,3 personer trampar framåt, 6,3 glider med och 2,4 bromsar. Ja, bromsar.

Men låt oss vara ärliga: Cykeln kommer ingenstans om inte fler börjar trampa. Frågan är alltså: Hur får vi de som bromsar att kliva av? Hur får vi de som glider att börja trampa? Och hur behåller vi den där ensamma eldsjälen som driver laget framåt?

Vi börjar med en berättelse – om ett mästerverk som byggts i generationer.

Historien om Sagrada Família och katedralens byggare

I slutet av 1800-talet påbörjade arkitekten Antoni Gaudí bygget av Sagrada Família i Barcelona, en katedral som skulle bli en av världens mest ikoniska byggnader. Men Gaudí visste redan från början att han aldrig skulle få se sitt mästerverk färdigt. Katedralen var så storslagen och ambitiös att den skulle ta flera generationer att färdigställa.

Trots det samlade han ett team av byggare och hantverkare som alla hade samma uppgift: att lägga sten.

En dag, under en rundvandring på byggplatsen, frågade en besökare tre olika hantverkare vad de arbetade med.

Den första sa: »Jag lägger sten.«

Den andra svarade: »Jag bygger en vägg.«

Men den tredje – han stannade upp, tittade upp mot de ännu ofärdiga tornen och log. »Jag bygger Antoni Gaudís katedral, en symbol för vår tro och Barcelonas stolthet. Den kommer stå här i hundratals år efter att jag är borta.«

Tre personer. Samma uppgift. Men bara en av dem hade förstått det större syftet. Bara en av dem kände stoltheten över att vara en del av något större än sig själv.

Vad lär vi oss av detta? Jo, att motivation handlar om att hjälpa dina medarbetare att förstå varför deras arbete spelar roll – att deras »stenar« är en del av något mycket större.

Att skapa rätt jordmån för motivation

Motiverade medarbetare växer inte fram i tomma intet. De behöver rätt miljö – en plats där de kan känna att deras arbete betyder något, att de växer och att de får bidra. Här är tre grundstenar:

1. **Frihet att agera och påverka.** Ingen vill ha en chef som petar i detaljer. När medarbetare känner att de har kontroll över sitt arbete, växer deras engagemang.

2. **Utveckling och stöd.** Utbildning, mentorskap och tydliga karriärvägar är inte lyx – de är en investering i företagets framtid.

3. **En meningsfull vision.** När människor ser hur deras arbete bidrar till något större – oavsett om det är en »katedral« eller en ny produkt – blir de inspirerade att göra sitt bästa.

De sju drivkrafterna bakom motivation

Så hur gör vi då för att motivera det där cykelgänget som mest glider runt? Här är sju faktorer som kan sätta fart på pedalerna:

1. **Rädsla – använd med försiktighet.** Ingen vill förlora sitt jobb, sin status eller sin framtid. Rädslan kan motivera, men för mycket av den skapar stress.
2. **Ansvar.** Ge medarbetarna ansvar för något som är viktigt. När de ser att deras beslut gör skillnad, skapas stolthet och engagemang.
3. **Tacksamhet.** Små ord av uppskattning kan göra underverk. Berätta för dina medarbetare varför deras arbete betyder något – och se hur deras motivation växer.
4. **Frihet.** Låt människor vara kreativa. När de känner att de kan påverka sitt arbete, blir det roligare och mer meningsfullt.
5. **Framgångstro.** Måla upp en tydlig bild av hopp om framtiden och visa hur varje individ bidrar till resan dit.
6. **Prestation.** Sätt tydliga mål och ge utrymme för att fira framgångar. Även små segrar räknas.
7. **Revansch.** Utmana teamet att bevisa sin styrka, att överträffa sig själva och att visa världen vad de går för.

De 5 dolda motivationssänkarna

Vill du veta vad som garanterat sänker motivationen? Här är 5 klassiska tabbar som chefer gör:

1. **Kravlöshet.** Inget dödar engagemang snabbare än en chef som inte bryr sig om resultat. Utan mål finns ingen riktning.
2. **Mikrostyrning.** Regelstyrda chefer som kontrollerar varje detalj dödar både kreativitet och engagemang.
3. **Brist på utveckling.** När medarbetare inte får växa, söker de sig snart någon annanstans.
4. **Otydlighet.** Om medarbetarna inte förstår företagets mål, hur kan de då bidra?

5. **Brist på erkännande**. När prestationer inte uppmärksammas eller belönas, minskar motivationen. Att känna sig sedd och uppskattad är en av de starkaste drivkrafterna.

Det värdebaserade ledarskapets hemlighet

Det handlar inte om att ha ett nytt pingisbord eller fler kickoffs. Motivation bygger på att skapa en kultur där varje medarbetare känner sig sedd, hörd och värdefull. Det är kärnan i ett värdebaserat ledarskap.

Så nästa gång du ser teamet som mest glider runt, fråga dig själv:

- Har de en katedral att bygga?
- Förstår de varför deras arbete betyder något?
- Får de friheten och stödet de behöver för att lyckas?

Svaret ligger inte i deras händer. Det ligger i ditt ledarskap.

Hockeytränaren – konsten att tända ett team

»Det är inte laget med de bästa spelarna som vinner. Det är laget som spelar bäst tillsammans.«
– Herb Brooks

För att helheten ska fungera måste delarna klaffa. Det är en sanning som blir obehagligt tydlig när du har fem utespelare och en målvakt på isen. Om inte alla gör sitt jobb, förlorar laget. Och vad krävs för att alla ska göra jobbet? Ett tydligt spelsystem, laserfokus och tändning – tre magiska ingredienser som varje coach drömmer om att mixa till perfektion.

Och vem kan bättre prata om tändning än Niklas Wikegård? En tränare som förstår att fokus och eld går hand i hand. »Laserfokus,« som Wikegård säger, handlar inte bara om att hålla ett öga på pucken utan också om att veta exakt vad varje spelare – eller medarbetare – ska göra.

Men tändning är inte bara hockeyns hemlighet. Det är en universell regel för alla framgångsrika team, oavsett om de jagar Stanley Cup eller budget-mål. Låt oss dyka ner i vad som krävs för att väcka elden i ditt lag.

Historien om »Notan« – Huddinges bänknötare som erövrade NHL

Mattias Norström, eller »Notan,« är en av de mest inspirerande hockeyspe-larna Sverige har producerat. Och det ironiska? Han platsade inte ens i Huddinges juniorlag. Men istället för att ge upp, bestämde han sig för att bli bäst på det han kunde kontrollera: sin fysik.

När andra var ute och slappade, letade Notan upp närmaste gym. På lands-lagsturneringar reste han med lyftarbälte, proteinburkar och lyftarskor. Han frågade efter gymmet innan han ens checkade in på hotellet. Han hade sitt fokus, sin meny – och han tvekade aldrig.

Resultatet? En karriär i New York Rangers, Los Angeles Kings och Dallas Stars. En halv miljard kronor i intjänade pengar. Hur? Genom att bli en expert på det han kunde påverka.

Vad lär vi oss? Om du känner dina styrkor och svagheter och arbetar hårt med det du kan kontrollera, kan du slå vilken motståndare som helst – på rinken eller på kontoret.

Samla på tändmedel – Hannibals fikon och andra tricks

Visste du att Hannibal, den legendariske krigsherren, matade sina stridse-lefanter med fikon innan strid? Fikonens hudirritation gjorde elefanterna så förbannade att de krossade allt i sin väg.

Så frågan är: Vilka är dina fikon? Vad får dig och ditt team att tända?

- Är det negativa tidningsartiklar om din organisation?
- Uttalanden från konkurrenter som underskattar dig?
- Eller kanske ett mantra som Churchills »Vi ska aldrig ge vika«?

Oavsett vad det är – använd det. Hitta det som tänder elden i dig och ditt team, och mata det tills glöden blir en brasa.

Bygg en lättuggad mental diet

Problemet med många lag, både på isen och i arbetslivet, är att de försöker göra för mycket. Men vinnare vet att fokus är nyckeln. Det handlar om att koka ner menyn till några få rätter. Här är några enkla recept för att lyckas:

1. **Var specifik.** Om du inte vet exakt vad du ska fokusera på, hur ska du då tända? »Försvara målet till varje pris« är lättare att förstå än »gör ett bra jobb.«

2. **Fokusera på få saker.** Ta ner arbetsuppgifterna till ett par nyckelbeteenden. Att göra färre saker riktigt bra slår att försöka göra allt halvbra.

3. **Bli expert på ett fåtal områden.** Som Inge Hammarström, en av Sveriges bästa hockeylirare, brukade säga: »Det är mycket bättre att vara ruggigt bra på två saker än halvdan på tio.«

4. **Tänd med stolthet.** Verkliga ledare ser till att varje spelare – stjärnor som bänknötare – känner stolthet över sin roll.

Bäst när det gäller – balans mellan nervositet och självförtroende

Niklas Lidström, världens kanske bästa back genom tiderna, erkände att han var nervös före varje match. Men han visste också hur han skulle använda den nervositeten till sin fördel. Korta pass i början, små framgångar som byggde självförtroendet.

Det är samma sak för ditt team. Hjälp dem att börja smått och bygga framgång steg för steg. Och kom ihåg: nervositet är inte fienden – övertändning är det.

När prestation är viktigare än resultat

Hockey är sporten som mäter allt: tekningar, assist, mål. Men ibland är det farligt att stirra sig blind på resultatet. Det är samma sak i arbetslivet. Om du vill att varje individ ska ge sitt bästa, ge feedback på insatsen – inte bara resultaten.

Coachens sammanfattning om tändning

1. **Var specifik.**
2. **Fokusera på få saker.**
3. **Bli riktigt bra på ett fåtal områden.**
4. **Tänd med stolthet.**
5. **Känna sina styrkor och svagheter – grunden för utveckling.**
6. **Samla på tändmedel – hitta dina »fikon.«**
7. **Bygg självförtroende steg för steg.**

Och framför allt – glöm inte att ha kul! För vad är poängen med att vinna om du inte njuter av matchen?

Fallstudie:

Enligt hjärnforskaren Torkel Klingberg, talar om olika typer av motivation; yttre motivation och inre motivation. Yttre motivation är till exempel när barnen gör sina läxor och belönas med 1 timmes spelande, och även när vi som vuxna går till jobbet och får lön i slutet av månaden. Eftersom Klingbergs forskning pekade på att pengar inte har så mycket med saken att göra, vände han sig till inre motivation, vilket är samma sak som att göra något för att det bara känns rätt. Klingberg berättar om ett experiment där två grupper fick göra samma IQ-uppgift. En grupp fick höra att deras resultat kommer från att de var smarta. Den andra gruppen fick beröm för sin insats. När båda grupperna fick svårare uppgifter att lösa arbetade de som fick beröm för sin anständighet hårdare, medan de »smartare« fick lättare att ge upp.

Kapitel 5

Förtroende och tillit – kärnan i värdebaserat ledarskap

Introduktion:

Förtroende och tillit är de fundamentala byggstenarna i ett framgångs-rikt och värdebaserat ledarskap. Men låt oss vara ärliga – det är inte alltid enkelt. Vi har alla mött ledare som greppar kontrollen som en livboj, som aldrig riktigt vågar släppa taget. Men tänk om vi istället kunde leda som vatten? Anpassningsbara, uthålliga och starka. Vatten hittar alltid en väg.

1. Leda som vatten – anpassningsbarhet och styrka

»Det som är mjukt, anpassningsbart och uthålligt övervinner med tiden alla hinder.«

Vatten är ledarskapets bästa metafor. Det är flexibelt nog att anpassa sig till vilken behållare som helst, men också kraftfullt nog att forma landskap. Så vad kan vi lära oss av vatten? Här är tre nycklar till ett flytande ledarskap:

- **Greppa inte för hårt:** Om du försöker kontrollera allt och alla, förlorar du både tilliten och teamets engagemang. Öppna upp, släpp taget och låt teamet flöda inom rätt ramar.
- **Låt det flöda:** Stagnerat vatten blir sjukt – och detsamma gäller för stillastående organisationer. Sätt ramar som styr flödet utan att strypa det.
- **Placera dig inte över andra:** Vatten söker sig alltid till den lägsta punkten, där det samlar styrka och skapar djup. Var ödmjuk som ledare, lyssna mer än du talar och stärk ditt team från grunden.

Inspirerande berättelse: Maria, 29 år, är grundare och VD för Soft-Flow, en tech-startup i Malmö som utvecklar molnbaserade lösningar för småföretag. Företaget har funnits i två år och har redan lockat fem duktiga anställda med höga ambitioner. När ett viktigt projekt för en ny kund, en detaljhandelskedja, närmar sig deadline, känner Maria trycket. Kunderna har höga förväntningar och teamet arbetar hårt för att leverera.

Maria står inför ett val: att styra varje detalj själv eller att lita på sitt team. Hon inser att om hon försöker kontrollera allt, kommer hon att dränera både sig själv och teamet. Istället väljer hon att ge teamet friheten att fatta egna beslut inom tydligt definierade mål och ramar. Hon säger till dem: »Jag tror på er och era idéer. Gör det ni tycker är bäst för att lösa utmaningarna.«

Resultatet? Inte bara levereras projektet i tid, det överträffar även kundens förväntningar. Teamet presenterar en kreativ lösning som imponerar stort. När Maria reflekterar över framgången säger hon: »När jag släppte kontrollen såg jag teamet blomstra. Deras självförtroende växte, och vi hittade nya sätt att samarbeta.«

SoftFlows resa under den här tiden visar att ledarskap, likt vatten, handlar om att skapa utrymme för tillväxt. Genom att lita på sitt team byggde Maria inte bara förtroende, utan också en starkare företagskultur.

2. Bygg förtroende genom handling och värderingar

Förtroende börjar med dig som ledare. Det handlar om att leva efter de värderingar du predikar och visa att du är pålitlig i både ord och handling. Människor följer inte vad du säger – de följer vad du gör. Därför är det avgörande att:

- **Visa integritet:** Håll alltid dina löften, oavsett om det gäller stora eller små saker.
- **Kommunicera ärligt:** Var tydlig och transparent, även när budskapen är svåra att förmedla.
- **Modellera beteenden:** Visa vad som är acceptabelt genom dina egna handlingar. Det sätter standarden för hela teamet.

Praktiskt exempel: Tänk dig en situation där en tuff deadline måste mötas. Istället för att delegera hela ansvaret, visa att du är villig att arbeta tillsammans med teamet för att klara uppgiften. Detta skapar en »vi«-känsla och stärker förtroendet.

3. Tillit genom motivation och ansvar

Att ge ansvar är ett av de mest kraftfulla sätten att bygga tillit. När du visar att du litar på teamets förmåga att fatta beslut och utföra sitt arbete, skapas en positiv cykel av engagemang och självförtroende. Här är några nycklar till att uppnå detta:

- **Sätt tydliga förväntningar:** Klargör vad som förväntas och ge sedan utrymme för teamet att leverera.
- **Fira framgångar:** Erkänn och belöna insatser som bidrar till målen. Små framgångar leder till större prestationer.
- **Ge feedback:** Positiv feedback bygger motivation och riktad feedback hjälper till att utveckla förmågor.

Praktiskt exempel: Låt en medarbetare leda ett projekt med större ansvar än tidigare. Ge dem stöd när det behövs, men låt dem fatta egna beslut. När de lyckas, förstärk framgången genom att uppmärksamma deras prestation offentligt.

4. Skapa en kultur av tillit och inkludering

Tillit byggs inte bara mellan ledare och medarbetare – det måste också existera mellan teammedlemmar. En inkluderande och tillitsfull kultur är en som:

- **Uppmuntrar öppenhet:** Skapa en miljö där det är tryggt att dela idéer och tankar utan rädsla för dömande.
- **Främjar samarbete:** Stärk teamkänslan genom gemensamma mål och aktiviteter.
- **Hanterar misstag konstruktivt:** Använd misstag som lärmöjligheter snarare än orsaker till kritik.

Praktiskt exempel: Inför regelbundna reflektionsmöten där teamet kan diskutera vad som har fungerat bra och vad som kan förbättras. Detta skapar en vana av öppenhet och förbättring. Se till att avsluta mötet i positiv hoppfull ton.

Sammanfattning: Så skapar du mentalitet och leder som vatten

1. **Bygg en gemensam vision.** Alla måste spela samma match och sträva mot samma mål.
2. **Delegera med tydlighet.** Ge ansvar och frihet, men utan att abdikera från ditt eget ansvar.
3. **Ge flexibla ramar.** De ska vara tydliga nog för att skapa fokus men flexibla nog för kreativitet.
4. **Empowera teamet.** Ge verktyg och mandat för att agera, och lita på att de gör rätt.
5. **Led som vatten.** Anpassa dig, flöda framåt och stärk teamet med ödmjukhet.
6. **Fira och lär av resultaten.** Uppmärksamma framgångar men reflektera också över vad som kan förbättras.
7. **Skapa en kultur av ansvar.** Samarbete och ansvarstagande är inte valfritt – det är nyckeln till framgång.

Avslutning: Förtroende och tillit är inte något som byggs över en natt, men genom konsekvent arbete kan de bli fundamentet för ett framgångsrikt ledarskap. När du som ledare visar att du litar på ditt team, lever enligt dina värderingar och skapar en inkluderande kultur, lägger du grunden för både individens och organisationens framgång. Fråga dig själv: Hur kan jag varje dag visa mitt team att de är värdefulla och betrodda?

Sammanfattning av Del 2: Att leda andra

Ledarskapets essens

Att leda andra är att skapa en miljö där människor växer, samarbetar och känner en djup koppling till organisationens syfte. Genom att bygga förtroende, inspirera och stärka teamet formar du inte bara resultat – du formar individer som vågar drömma större och prestera bättre. Del 2 tar oss från teorier om kontroll till värderingsdrivet ledarskap där tillit och ansvarstagande står i centrum.

Nycklarna till framgångsrikt ledarskap:

1. **Coachingens kraft:** Bygg självförtroende, skapa klarhet och hjälp medarbetare frigöra sin potential. Det är en resa som börjar med lyssnande och nyfikenhet.
2. **Kommunikation och konflikthantering:** Konflikter är en chans att bygga starkare relationer. Lär dig att lyssna med empati och kommunicera med tydlighet för att vända utmaningar till möjligheter.
3. **Teamutveckling och kultur:** Organisationens själ är kulturen – skapa en jordmån där både människor och idéer kan växa. Lyft fram värderingar och skapa enighet genom gemensamma mål.
4. **Motivation och engagemang:** Motiverade teammedlemmar driver hela organisationen framåt. Bygg frihet, ge uppskattning och visa varför deras arbete spelar roll.
5. **Tillitens styrka:** Förtroende är fundamentet. Släpp kontrollen, lita på teamet och låt dem ta ansvar för sin framgång.

En inspirerande bild av ledarskap:

Precis som Lao Tzu sa: den bästa ledaren är den som knappt märks, där teamet stolt säger, »Det där? Det fixade vi!« Det är ledarskap som inte bara bygger resultat utan även självförtroende, kultur och långsiktig hållbarhet.

Avslutning:

Ledarskap är att våga släppa taget, skapa riktning och stärka andra att nå sitt bästa jag. Bygg din ledarstil på värderingar, lyssnande och en stark tro på människors potential. Det är inte enbart en väg till starka resultat – det är en väg till en bättre värld.

Reflektionsfrågor för att leda andra

1. Hur kan du anpassa ditt ledarskap för att skapa en miljö där människor vågar växa och ta ansvar?
2. Vilka förändringar i din kommunikation och konflikthantering skulle kunna stärka relationerna i ditt team?
3. Hur reflekteras dina värderingar i den kultur du bygger och utvecklar på arbetsplatsen?
4. Hur motiverar du ditt team att se det större syftet bakom sitt arbete? Vad kan du göra för att förstärka deras engagemang?
5. Hur kan du bygga förtroende och tillit genom att vara mer flexibel och samtidigt hålla fast vid tydliga mål?

Del 3: Att leda verksamheten

Introduktion

Att möta både beröm och kritik med balans

Att leda en verksamhet är som att vara kapten på ett skepp i ett ständigt föränderligt hav. Det finns dagar med spegelblanka vatten och solsken – och så finns det dagar med storm, höga vågor och en besättning som vill gå åt olika håll. Din uppgift som ledare är att hålla kursen, även när väderförhållandena är allt annat än perfekta. Och om vi ska vara ärliga: det är i stormen du visar vad du verkligen går för.

Att driva en verksamhet är att dansa mellan kortsiktiga vinster och långsiktiga mål, mellan jubel från framgångar och kritiken som smyger sig på när saker går snett. Du måste kunna stå mitt i detta kaos och ändå hålla fast vid de värderingar som gör verksamheten unik. Som Lao Tzu så vackert påminner oss: »Den som vågar vara sårbar är den starkaste av alla.« Att leda med ödmjukhet är inte en svaghet – det är en superkraft.

Men låt oss inte glömma det viktigaste: ledarskap kan också vara roligt. Det handlar inte bara om att lösa problem eller läsa rapporter – det handlar om att skapa något meningsfullt, att få andra att växa och att bygga en kultur där människor känner sig stolta över att bidra.
Humor och värme är inte bara kryddan i ledarskapet – de är en del av receptet för framgång.

Så, hur blir du ledaren som inte bara håller kursen i medvind utan också hittar styrkan att segla rakt genom stormarna? Det börjar med dig – din vision, dina värderingar och ditt mod att både hålla fast och släppa taget när det behövs. Men framför allt handlar det om att våga vara mänsklig i en värld som ofta fokuserar på prestationer och resultat.

Som verksamhetsledare har du chansen att skapa något större än dig själv – en kultur där varje person känner sig viktig, varje beslut har mening och varje steg tar er närmare en hållbar framtid. När du leder med balans och ödmjukhet, skapar du inte bara en framgångsrik verksamhet. Du lämnar också ett arv som inspirerar andra att fortsätta resan långt efter att du själv gått i land.

Så vad väntar du på? Det är dags att ta rodret och skapa en verksamhet som inte bara överlever, utan som gör skillnad. Framtiden börjar här – med dig.

Innehållsförteckning

Kapitel 1: Strategier för verksamhetsstyrning

Att skapa tydliga och effektiva strategier är grunden för att leda en verksamhet. En strategi skiljer sig från taktik genom att vara den långsiktiga visionen som pekar ut riktningen. Taktik handlar om de dagliga handlingarna som stödjer strategin. Sun Tzu säger det bäst: »Strategi utan taktik är en långsam väg till seger. Taktik utan strategi är bara bullret före nederlaget.«

Fokus:

- **Definiera strategi och taktik:** Förstå deras roller och hur de samverkar.
- **Strategiska mål:** Hur de ger riktning och inspirerar.
- **Fallstudier:** Volvo's fokus på säkerhet och Telias enkelhet.

Strategier är stabila, men de måste stödjas av taktiska åtgärder som ger resultat här och nu. Det handlar om att skapa en karta och förse teamet med verktygen för att följa den.

Kapitel 2: Agilt och dynamiskt ledarskap

I dagens snabbrörliga värld måste ledarskapet vara flexibelt och anpassningsbart. Dynamiskt ledarskap handlar om att jonglera flera faktorer samtidigt och justera kursen efter behov. Det agila ledarskapet bygger på lärande och förmågan att snabbt reagera på nya förhållanden.

Fokus:

- **Flexibilitet:** Att omfamna förändring som en möjlighet.
- **Teamets roll:** Skapa en kultur där medarbetare tar ansvar och anpassar sig.

- **Exempel:** Denver flygplatsens »stormworkshops« och en restaurangs agila arbetssätt.

Genom att implementera agila metoder kan ledare skapa en organisation som inte bara reagerar på förändringar utan också leder dem.

Kapitel 3: Tillväxtorienterat ledarskap

Tillväxt handlar om att våga ta initiativ, driva innovation och utmana status quo. Det börjar med att identifiera och ta bort hinder som bromsar utvecklingen.

Fokus:

- Identifiera hinder: Vad står i vägen för tillväxt?
- Innovation: Skapa nya möjligheter genom kreativitet och mod.
- Exempel: LEGO:s vändning och NASA:s hantering av begränsningar under Apollo-programmet.

Tillväxt är inte bara ekonomisk framgång – det handlar om att skapa rörelse framåt, inspirera teamet och bygga en organisation som kan möta framtidens utmaningar.

Kapitel 4: Parallellkopplat och delegerande ledarskap

Parallellkopplat ledarskap innebär att hantera flera processer samtidigt utan att tappa riktning. Tillsammans med effektiv delegering kan detta säkerställa att resurser används optimalt och att teamet är engagerat.

Fokus:

- **Hantera komplexitet:** Skapa struktur för flera samtidiga processer.
- **Delegering:** Ge frihet och ansvar till teamet utan att tappa kontrollen.

- **Exempel:** Teslas produktionsstrategier och IKEAs framgång med platta paket.

En ledare som kan balansera mellan att vara involverad och att delegera bygger en kultur av tillit och effektivitet.

Kapitel 5: Målstyrning och uppföljning

Utan tydliga mål blir arbetet planlöst och ineffektivt. Målstyrning handlar om att skapa riktning, medan uppföljning säkerställer att insatserna leder till önskat resultat.

Fokus:

- **RAK-modellen:** Resultat, Aktivitet och Kompetens som grund.
- **Exempel:** Netflix transformering och Amazons kundfokus.
- **Verktyg:** Hur ledare kan mäta framsteg och anpassa strategier.

Målstyrning är inte bara en metod – det är ett tankesätt som skapar klarhet, fokus och engagemang.

Kapitel 6: Krishanteringens ABC

Krishantering är en av de största utmaningarna en ledare kan möta. Genom att agera snabbt och strategiskt kan du vända krisen till en möjlighet.

Fokus:

1. **Andning – Skapa lugn och tydlighet:**
   - Ta kontroll över situationen och kommunicera tydligt.
   - Strukturera åtgärder med modellen Fakta – Förklaring – Åtgärd.
   - Exempel: En svensk sportkedjas hantering av kritik mot arbetsvillkor.

2. **Blödning – Hantera tid och argumentation under press:**
   - Erkänn misstag snabbt och visa handlingskraft.
   - Exempel: En svensk banks öppna hantering av ett dataintrång.

3. **Chock – Agera med mod:**
   - Navigera genom krisens olika faser med modellen Då–Nu–Sedan.
   - Exempel: SAS hantering av askmolnet 2010 och Tylenol-förgiftningarna.

Exempel och lärdomar:

- **SAS:** Hur tydlig kommunikation och åtgärder vann kundernas förtroende.
- **NASA:** Framgångsrik delegering och samverkan under Apollo-programmet.
- **Johnson & Johnson:** Hantering av Tylenol-krisen som ett exempel på värdebaserat ledarskap.

Sammanfattning:

Krishantering handlar om att kombinera mod, tydlighet och snabbhet. Ett värdebaserat ledarskap skapar stabilitet under press och ser kriser som möjligheter att bygga förtroende och långsiktig styrka.

Kapitel 7: Mentala strategier och beslutsfattande

Mentala strategier och beslutsfattande är centrala förmågor för framgångsrikt ledarskap. De hjälper ledare att navigera genom komplexitet, fatta kloka beslut och bibehålla fokus.

Fokus:

1. **Den kinesiske bonden:** Historien om hur perspektiv och mental hållning påverkar förmågan att hantera motgångar och se möjligheter.
2. **Henry Fords beslutsamhet:** Hur mod och fokus ledde till banbrytande framgång inom bilindustrin.

3. **Tre principer för mentala strategier:**
- Prioritera en linje framför flera.
- Sätt helheten före detaljerna.
- Håll målet i sikte, men var flexibel för att hantera utmaningar.
4. **Reflektioner för ledare:** Frågor som hjälper till att identifiera styrkor, prioritera mål och fatta bättre beslut.

Exempel:

- Leonardo da Vincis strategiska tänkande och långsiktiga fokus.
- Praktiska tips som att undvika obeslutsamhet och använda plus- och minuslistor.

Sammanfattning:

Att utveckla mentala strategier handlar om att våga fatta beslut och ta kontroll över sitt fokus. Som den romerske filosofen Seneca sa: »Lycka är vad som händer när förberedelse möter tillfälle.« Genom att prioritera och tänka långsiktigt bygger ledare en hållbar grund för framgång.

För ledare – Vad handlar det egentligen om?

Ängslighet, oändliga möten och dokumentationsträsk har blivit vardagsmat för många ledare. Det är som om vi tappat bort själva kärnan i ledarskap – att skapa action framåt. Att göra saker på »rätt sätt« verkar ha blivit viktigare än att göra rätt saker. Och vet du vad? Världen utanför väntar inte på den perfekta mötesanteckningen.

Patrik Hall, professor i statsvetenskap vid Malmö Universitet, pekar på en utveckling där byråkratin riskerar att kväva resultat. Organisationer bygger staber istället för värde, administrerar istället för att agera, och jagar titlar istället för prestationer. Samtidigt rusar omvärlden vidare med hårdare konkurrens, minskade marginaler och snabb AI-utveckling.

Känner du igen dessa symptom?

- »Jag har inte tid.«
- »Vi hinner inte.«
- »Det ligger inte inom mitt ansvarsområde.«
- »Vi behöver fler resurser.«
- »Det måste vi ha ett möte om!«

Samtidigt samlas grupper för att diskutera pseudoproblem, medan den verkliga potentialen i teamet kvävs av väntan på perfekt konsensus. Men att vara ledare handlar om något annat – något mer äkta och värdefullt.

Ett värdebaserat ledarskap – kärnan i framgång

Ledarskap är inte bara en titel eller en rad i ditt CV. Det handlar om att skapa verkligt värde genom andra människor. Och ett värdebaserat ledarskap innebär:

- Att lyfta människor till nya höjder genom en inspirerande arbetsmiljö.
- Att våga prioritera det som verkligen betyder något – och kommunicera det.
- Att vara konsekvent i uppföljningar och stå fast vid riktningen.
- Att inte fly från svåra beslut utan möta dem, rakryggad och närvarande.

Det är inte alltid bekvämt. Det är inte alltid smidigt. Men ledarskap handlar om att kliva fram, att våga fatta beslut även när det blåser, och att förstå att framgång inte mäts i antalet möten, utan i den skillnad du gör för dina medarbetare och din organisation.

Så, nästa gång någon säger »Det måste vi ha ett möte om«, fråga istället: **»Vad kan vi göra just nu för att skapa action?«** För det är precis det som ledarskap handlar om – att skapa action och ta oss närmare de mål som verkligen betyder något.

Kapitel 1.

Strategier för verksamhetsstyrning

Strategiska definitioner – nyckeln till framgång

Hur ofta har du hört orden »strategi« och »taktik« kastas runt i lednings-grupper, som om de vore synonymer? Om vi ska vara ärliga är det få som verkligen kan förklara skillnaden – kanske för att vi så ofta låter dem flyta ihop som kaffe och mjölk. Men att förstå deras unika roller är som att ha rätt karta och kompass i en okänd terräng. Det är avgörande för att inte bara navigera verksamheten utan också för att inspirera och engagera medarbetare och kunder.

Telia är ett klassiskt exempel. När de transformerade sig från Televerket 1993, satte de »enkelhet« som sin ledstjärna. »Det ska vara lika enkelt att göra affärer med oss som att tända en glödlampa,« löd deras mantra. Låter smart, eller hur? Men här kommer frågan: Är enkelhet en strategi eller en taktisk princip?

Vad är strategi och taktik – egentligen?

En strategi är din stjärnhimmel, den riktning som pekar mot framtidens mål. Den är stabil, långsiktig och styrs av värderingar snarare än trender. Taktik är däremot din verktygslåda – de kortsiktiga handlingarna och knepen som får dig framåt just nu. Strategi är »vad« och »varför«, medan taktik är »hur« och »när«. De är båda avgörande, men de fyller helt olika funktioner.

Låt oss ta Volvo som exempel. Deras strategi har varit densamma sedan 1927: **säkerhet**. Det spelar ingen roll om de producerar i Torslanda eller Shanghai, om det är högkonjunktur eller ekonomisk kris – säkerhet är all-tid högst upp på agendan.

Strategin förändras inte på grund av tillfälliga yttre faktorer – den är stabil och vägledande, oavsett var du befinner dig geografiskt eller marknadsmässigt.

Taktiskt sett kan det däremot innebära olika lösningar beroende på marknaden eller teknologin.

Strategi och taktik – symbiosen

Men här är den intressanta biten: strategi och taktik kan inte leva utan varandra. De är som yin och yang. Strategin sätter riktningen, men utan taktiska åtgärder blir den bara en vision på papper. Taktiken skapar resultat, men utan strategi blir det bara ett brus av aktiviteter utan sammanhang. Det är här vi behöver det »strataktiska« – en samverkan där strategiska mål och taktiska åtgärder flätas samman för att skapa verkligt värde.

Tänk på hållbarhet, kvalitet eller hälsa. Dessa kan användas både strategiskt och taktiskt beroende på kontexten. De blir hybrider som driver både långsiktiga mål och operativa resultat.

Sun Tzu sa det bäst

Den kinesiske generalen Sun Tzu satte huvudet på spiken för över 2500 år sedan:

> *»Strategi utan taktik är den långsamma vägen till seger.*
> *Taktik utan strategi är bara bullret före nederlaget.«*

Och visst är det så. För att bygga ett värdebaserat ledarskap som står pall för förändring och framtid behöver vi förstå och respektera denna balans. När vi klargör rollerna mellan strategi och taktik får vi inte bara en tydligare karta – vi får kraften att leda verksamheten framåt med mod, humor och omtanke.

Så nästa gång du funderar på om det är en strategi eller taktik du behöver – stanna upp och fråga dig själv: **»Skapar det här långsiktigt värde eller löser det bara dagens problem?«** Där hittar du svaret.

Kapitel 2.

Agilt och dynamiskt ledarskap

Det dynamiska ledarskapet – en kraft för action

Dynamik i ledarskap är ungefär som att jonglera på en enhjuling – du måste hålla allt i rörelse samtidigt som du ständigt balanserar för att inte krascha. Det handlar om att skapa energi och riktning, att se till att teamet rör sig framåt mot målen utan att snurra runt i cirklar. Och ja, det innebär också att du ibland behöver bromsa lite, annars riskerar du att accelerera rätt ner i diket.

Men kom ihåg: det handlar inte om att slänga pengar och resurser på alla problem. Faktum är att för mycket resurser kan få kreativiteten att dö, ungefär som att servera en lyxmiddag varje dag – ingen kommer längre uppskatta smaken. Framgång föds ur fokus, inte ur överflöd.

Flygplatsen i Denver och stormkaoset

Denver International Airport är känd för sina vinterstormar, där snökaos ofta stoppar trafiken och sätter tusentals passagerare på väntelistor. År 2019 stod flygplatsens chef, Ahmed, inför en av de värsta snöstormarna på flera år. Standardprotokollen – långa möten, byråkratiska processer och tidskrävande beslutskedjor – hade tidigare visat sig otillräckliga för att hantera kaoset.

Ahmed insåg att något måste förändras. Han införde ett nytt arbetssätt: »stormworkshops«. När en vädervarning kom samlade han snabbt alla inblandade team – från markpersonal till flygledare – i en kriscentral. Istället för att följa gamla manualer fokuserade de på att skapa snabba, realtidsanpassade lösningar. Alla fick bidra, oavsett hierarki.

Under den första stormen med det nya upplägget lyckades flygplatsen minska förseningarna med 40 % och hålla två avgörande flygningar i tid – något som tidigare ansågs omöjligt. Teamet beskrev det som en »stormdans« där alla rörde sig i takt. Denver visade hur dynamiskt ledarskap inte bara löser problem – det skapar stolthet och tillit hos alla inblandade.

Det agila ledarskapet – lärande, flexibilitet och framgång

Agilt ledarskap är lite som att vara en hockeytränare under en stormatch – du kan ha en plan, men du måste hela tiden vara beredd att justera den. Det handlar om att förstå spelet, se vad som händer i realtid och coacha teamet till att göra sitt bästa under rådande förhållanden.

Men agilt ledarskap är inte för den som älskar att hålla kontroll. Här är det du som skapar rätt förutsättningar, ger tydliga mål och sedan kliver åt sidan. Det är inte ditt jobb att skrinna med pucken – ditt jobb är att skapa planen där laget kan spela sitt bästa spel. Och om du tror att du alltid har alla svar, låt oss vara ärliga: det har du inte. Agilt ledarskap handlar om att utforska, anpassa och lära sig längs vägen.

Restaurangen i Austin som hittade sitt flow

I hjärtat av Austin, Texas, öppnade Sophie en ny restaurang, känd för sina kreativa tex-mex-rätter. Men framgången blev snabbt ett problem. Gästerna strömmade in snabbare än köket kunde hantera, och spänningen mellan kockar och serveringspersonal växte. Klagomål började dyka upp på Yelp, och Sophie insåg att hon riskerade att förlora sin gnista – och sina kunder.

Hon bestämde sig för att införa ett agilt arbetssätt i köket. Hon satte upp en stor skylt som läste: »Ett perfekt kök är ett kök i rörelse.« Varje kväll började nu med en kort planeringssession där kockar och serveringspersonal gick igenom kvällens mål, förväntade rush-tider och möjliga utmaningar. Efter varje skift avslutades med en femminuters feedbackrunda, där alla fick dela med sig av vad som fungerade och vad som behövde justeras.

Två veckor senare började förändringen märkas. Rätterna gick ut snabbare, servitörerna hade bättre kommunikation med köket, och gästernas omdömen på Yelp gick från tre till fem stjärnor. Sophie insåg att agilt ledarskap handlar om att skapa en miljö där teamet kan växa tillsammans, oavsett om det gäller att driva ett företag eller en restaurang i Austin.

Ledarskapets mentala rörelse

Dynamiskt och agilt ledarskap handlar i slutändan om att skapa både energi och riktning. Det handlar om att jonglera och balansera, att hålla rörelsen igång och att våga ändra kurs när det behövs. Det är att skapa action – och att göra det med ett leende på läpparna.

Så nästa gång du känner att allt är kaos, fråga dig själv: **»Håller vi balansen, eller är det dags att justera kursen?«** Och om du vill hålla teamet på rätt väg, kanske det är dags att inspireras av flygplatsens stormworkshop i Denver eller restaurangens feedbackrunda i Austin. För ibland är det oväntade exakt det som behövs för att skapa den dynamik som tar er framåt.

Kapitel 3

Tillväxtorienterat ledarskap

Tillväxtorienterat ledarskap – Att välja att leda, inte följa

Tillväxt börjar alltid med ett val. Ska du våga ta täten, utmana det invanda och satsa på framtiden, eller ska du stanna kvar i komfortzonen och nöja dig med att följa? I en värld där AI, globalisering och teknologiska innovationer driver förändring snabbare än vi kan blinka, är det valet avgörande. Tillväxt är inte längre en lyx, det är en överlevnadsstrategi. Den stora frågan är: **Hur leder du tillväxt när spelplanen ständigt förändras?**

Första steget: Passivisera utvecklingsfientliga krafter

Varje organisation har dem – de som bromsar utvecklingen. De kan ta form som invanda strukturer, långa möten utan resultat eller människor som motsätter sig förändring. Dessa krafter är subtila men dödliga, och för att driva tillväxt behöver du identifiera dem och agera.

Ett effektivt sätt att göra detta är att analysera verksamhetens alla delar och ställa några enkla men kraftfulla frågor:

- **Skapar detta kundvärde?**
- **Bidrar det till ökade intäkter?**
- **Minskar det kostnader?**
- **Hjälper det att minska risker?**
- **Stödjer det verksamhetens långsiktiga strategi?**

Om något inte bidrar till dessa mål är det dags att ifrågasätta varför det finns kvar. Denna process kan kännas brutal, men den skapar inte bara klarhet utan också utrymme för innovation och framsteg.

LEGO och den dramatiska vändningen

Låt oss tala om LEGO, ett av världens mest älskade varumärken. I början av 2000-talet stod företaget på randen till konkurs. De hade förlorat sitt fokus och spritt sina resurser över för många områden, från videospel till temaparker. Kunderna kände inte längre igen varumärket, och företagets kärnprodukt – byggklossarna – hade blivit en bisak.

När Jørgen Vig Knudstorp tog över som vd 2004, gjorde han det första steget i tillväxtorienterat ledarskap: han identifierade och eliminerade allt som inte skapade värde för kunderna. Temaparker såldes av, olönsamma produktlinjer avvecklades och fokus återgick till företagets kärna – kreativa byggklossar.

Resultatet? LEGO gick från nära kollaps till att bli världens mest lönsamma leksaksföretag. Genom att passivisera utvecklingsfientliga krafter, återta kontrollen över sina värderingar och prioritera kundens behov, blev LEGO en ledstjärna för tillväxtorienterat ledarskap.

Andra steget: Skapa framgång genom begränsningar

Ibland ligger nyckeln till framgång inte i fler resurser utan i färre. Begränsningar kan vara den katalysator som driver fram skärpa, kreativitet och innovation. När resurserna är oändliga finns ingen anledning att tänka nytt, men när de är begränsade, blir varje beslut avgörande.

NASA och månlandningen

1961 stod USA inför en enorm utmaning. Sovjetunionen hade precis skickat upp den första människan i rymden, och pressen på NASA var enorm. President Kennedy hade satt ett mål: att sätta en man på månen och få honom tillbaka säkert – inom ett decennium.

Men NASA stod inför enorma begränsningar: budgeten var tight, tekniken fanns inte, och ingen hade ens en manual för hur en månlandning skulle gå till. Just dessa begränsningar blev deras största tillgång. Ingenjörerna tvingades tänka i nya banor, optimera varje gram i farkosterna och utveckla lösningar som aldrig tidigare skådats.

Den 20 juli 1969 landade Apollo 11 på månen, och mänskligheten tog ett av sina största steg framåt – allt tack vare innovation som föddes ur begränsningarnas press.

Tredje steget: Dynamiska synsätt skapar momentum

Tillväxt handlar inte bara om mod och fokus – det handlar om att skapa rörelse. Ett värdebaserat ledarskap ser möjligheter där andra ser hinder. Det vågar omfamna osäkerhet och använder kreativitet som sitt främsta bränsle.

Spotify och revolutionen av musikindustrin

I början av 2000-talet stod musikindustrin inför en existentiell kris. Piratkopiering hade tagit över, och skivbolagen kämpade för sin överlevnad. Då kom två svenska entreprenörer, Daniel Ek och Martin Lorentzon, med en idé som skulle förändra allt. De frågade sig: »Vad händer om vi kan erbjuda all världens musik – lagligt – mot en liten månadsavgift?«

Deras idé var lika enkel som den var revolutionerande, men vägen dit var allt annat än lätt. De mötte hårt motstånd från skivbolagen, tekniska utmaningar och en skeptisk marknad. Men genom att hålla fast vid sin vision och anpassa sig längs vägen, byggde de Spotify – en plattform som idag är en självklar del av vår vardag.

Spotify visade världen att dynamiska och värdebaserade ledarskap kan förändra en hel industri – och skapa tillväxt i en tid av osäkerhet.

Tillväxt börjar och slutar med ledarskap

Oavsett om du driver ett ikoniskt leksaksföretag, skickar människor till månen eller revolutionerar hur vi lyssnar på musik, handlar tillväxt om samma grundprinciper:

- **Eliminera hinder och bromsklossar.**
- **Använd begränsningar som en katalysator för kreativitet.**
- **Skapa rörelse genom dynamiska och kreativa synsätt.**

Tillväxt är inte en rak väg. Den är full av hinder, motstånd och osäkerhet. Men för den som vågar ta ledningen, finns också en möjlighet att skapa något som lämnar avtryck långt bortom dagens mål.

Frågan är: **Vågar du leda tillväxt, eller väljer du att stanna kvar i det bekväma?** För den som väntar – väntar också på att bli omsprungen.

Kapitel 4.

Parallellkopplat, delegerande och kompromisslöst ledarskap

Att vara ledare idag kan liknas vid att jonglera apelsiner, bollar och en motorsåg samtidigt – allt medan du cyklar uppför en brant backe. Det handlar om att ha full kontroll, även när omständigheterna är kaotiska. Världen vi lever och leder i kräver inte bara simultankapacitet utan även förmågan att delegera på rätt sätt och våga vara kompromisslös när det behövs. Vi måste både vara kaptenen som styr skutan, orkesterdirigenten som sätter tempot och befälhavaren som tar tuffa beslut utan att tveka.

Fällorna i seriekoppling

Många ledare fastnar fortfarande i den gamla modellen av seriekoppling: »Vi tar ett problem i taget, färdigställer projekt X innan vi ens tittar på projekt Y.« Det låter klokt, men i praktiken leder det ofta till mötesinflation, prokrastinering och rädsla för att göra fel. Professor Patrik Hall varnar för detta – en arbetskultur där processer och byråkrati står i vägen för resultat.

Men i dagens snabbrörliga verklighet har vi helt enkelt inte råd med denna typ av tröghet. Att lyckas som ledare handlar om att skapa rörelse, bygga förtroende och ta tydliga beslut – parallellt.

Parallellkopplade ledarskapets framtid

Tänk dig en ICA-handlare. Medan mjölken tar slut i hyllan, ska kampanjer rullas ut, kassaköer hanteras och kylsystemet servas – allt medan någon på personalavdelningen sjukskriver sig. För att lyckas i ett sådant kaos krävs simultanförmåga, tydliga prioriteringar och en skarp förmåga att delegera.

Parallellkopplat ledarskap är konsten att hantera flera processer samtidigt – utan att drunkna i dem. Det handlar om att ge dina medarbetare tillräckligt med frihet för att agera, samtidigt som du själv behåller greppet om helheten.

Ett Inspirerande Exempel: Apollo 13

När Apollo 13-expeditionen till månen stötte på en katastrofal explosion i rymden 1970 verkade allt hopp vara ute. Med begränsade resurser och tiden emot sig tvingades teamet på jorden och besättningen ombord att tänka snabbt och kreativt för att lösa ett omöjligt problem: att få tillbaka astronauterna säkert.

Genom att fokusera på lösningar istället för hinder, och genom att använda allt de hade tillgängligt på ett innovativt sätt, förvandlades en potentiell tragedi till en av rymdforskningens mest hyllade räddningsoperationer.

Lärdomen? Framgång handlar inte om att undvika problem, utan om att lösa dem med fokus, kreativitet och samarbete.

Kompromisslöst ledarskap – när tydlighet är nyckeln

Parallellkoppling och delegering fungerar bara när ledaren har modet att vara kompromisslös när det krävs. Att vara kompromisslös handlar inte om att vara hård för sakens skull, utan om att stå fast vid det som är rätt, även när det är obekvämt.

Mary Barra och General Motors' förvandling

När Mary Barra tog över som vd för General Motors stod företaget inför en massiv kris. Defekta tändningslås hade kopplats till flera dödsolyckor, och företaget befann sig i en djup ekonomisk svacka. Barra valde att agera snabbt och kompromisslöst: hon inledde en omfattande intern granskning och avskedade flera högt uppsatta chefer som inte hade levererat. Hon följde upp detta med en global återkallelse av miljontals fordon, en åtgärd som kostade miljarder men visade kunderna att GM tog ansvar.

Samtidigt styrde hon om bolagets strategi mot framtiden, med fokus på elbilar och självkörande teknik. Under hennes ledning har GM inte bara återfått kundernas förtroende utan också blivit en ledande aktör inom innovation.

Det är ett lysande exempel på hur kompromisslöst ledarskap kan vända en kris till en möjlighet.

Nycklar till parallellkopplat, delegerande och kompromisslöst ledarskap

1. **Tydliga mål**
   Om du inte vet vart du ska, spelar det ingen roll vilka beslut du tar. Ett värdebaserat ledarskap bygger på klara och tydliga mål som visar teamet vad som är viktigast. Målen fungerar som en karta – utan dem famlar alla i mörkret.

2. **Förändringsbenägenhet**
   Förändring är inte ett hot – det är en möjlighet. En parallellkopplad ledare vet när det är dags att byta strategi och omfamnar osäkerheten som en naturlig del av processen.

3. **Rätt förutsättningar**
   Att delegera handlar inte om att kasta uppgifter över staketet och hoppas på det bästa. Det krävs tydlighet, resurser och befogenheter. Ge dina team det de behöver för att lyckas.

4. **Lösningsfokus**
   Problem är bara förklädda möjligheter. Att ha ett lösningsfokuserat mindset hjälper dig att se hinder som steg på vägen mot framgång. Agera snabbt, lär av misstagen och justera kursen.

5. **Mod att ta tuffa beslut**
   Kompromisslöst ledarskap kräver mod. Du måste våga fatta beslut som kanske inte är populära, men som är rätt för organisationens långsiktiga framgång.

Att koppla på och koppla bort

Ett framgångsrikt parallellkopplat och delegerande ledarskap kräver att du vet när du ska accelerera och när du ska sakta ner. Här är några tumregler:

Koppla på:

- Optimism: Se möjligheterna, inte bara problemen.
- Fokus på värde: Prioritera det som verkligen spelar roll.
- Flexibilitet: Var beredd att ändra kurs vid behov.

Koppla bort:

- Prokrastinering: Vänta inte på perfekta förhållanden – agera nu.
- Negativitet: Låt inte hinder dämpa din energi.
- Dåliga samveten: Du kan inte göra allt. Och det är okej.

Slutsats: Konsten att jonglera ledarskap

Parallellkopplat, delegerande och kompromisslöst ledarskap handlar inte om multitasking i dess klassiska bemärkelse. Det är snarare konsten att prioritera, delegera och skapa en kultur där varje individ känner sig stödd och inspirerad. När du som ledare kan jonglera apelsinerna, bollarna och motorsågen utan att tappa rytmen – ja, då är du inte bara en ledare. Då är du en inspiration.

Så nästa gång kaoset knackar på, fråga dig själv: »Vad kan jag delegera? Vad kan jag prioritera? Och hur skapar jag rörelse framåt?« Svaret kanske inte alltid är uppenbart, men det är där resan börjar.

Kapitel 5.

Målstyrning och uppföljning – Med RAK som grunden för framgång

Ledarskap utan mål är som att försöka navigera ett skepp utan kompass.

Det kanske känns som att du gör framsteg, men i verkligheten driver du bara runt. För att skapa riktning, driv och resultat krävs en tydlig metod – och här kommer RAK-modellen in i bilden.

RAK – Resultat, Aktivitet och Kompetens – är inte bara tre bokstäver. Det är ett tankesätt som hjälper dig att prioritera, leda och följa upp på ett sätt som skapar verklig förändring. Det är enkelt nog för att en rookie ska kunna greppa det, men kraftfullt nog att vända en hel organisation. Så låt oss dyka in!

Vad är RAK?

1. R – Resultat: Att ställa in siktet
Resultat handlar inte om att jaga siffror för siffrornas skull. Det handlar om att sätta upp tydliga, meningsfulla och mätbara mål. Fråga dig själv: Vad är det vi egentligen vill uppnå? Det kan vara allt från ökad omsättning till fler nöjda kunder eller större marknadsandelar.

Men låt oss vara ärliga – resultat är inte bara en målstolpe. Det är en signal som visar om dina aktiviteter faktiskt leder dig rätt. Ägna 20 % av tiden åt att reflektera över det som varit och 80 % åt att planera framåt. Resultatet är som en kompass som håller dig och teamet på rätt kurs. Vid uppföljning; resultatet har redan hänt, se över, men fastna inte i för långdragna analyser, utan fokusera på punkt nr 2. Aktiviteterna som påverkar nästkommande resultat.

Exempel: Tänk dig ett stafettlag. Målet är att vinna loppet. Resultatet är slutplaceringen, men för att nå dit måste laget analysera varje löpares prestation, utvärdera växlingarna och justera taktiken. Det handlar om att jobba smartare, inte bara hårdare.

2. A – Aktiviteter: Gör jobbet rätt

Resultat nås aldrig utan rätt aktiviteter. Det här är motorn i RAK. Ställ dig tre enkla frågor:

- **Inriktning:** Vilka aktiviteter driver störst värde? Kundmöten? Produktutveckling? Marknadsföring?
- **Frekvens:** Hur ofta ska aktiviteterna utföras för att skapa momentum?
- **Kvalitet:** Hur ser vi till att vi gör rätt saker på rätt sätt?

En framgångsrik ledare identifierar alltid den viktigaste aktiviteten (VA) – det som har störst effekt på målet. Det handlar om att sluta sprida sig själv och teamet tunt. Tänk dig en laserstråle: Om ljuset sprids för mycket blir det svagt, men om det fokuseras kan det skära igenom stål.

Metafor: En bonde kan inte odla hela fältet på en gång. Men om han fokuserar på att så på den bästa marken och vattnar regelbundet, skördar han mer än någon annan.

3. K – Kompetens: Nyckeln till hållbara resultat

Kompetens är grunden som allt vilar på. Utan rätt kunskap och färdigheter riskerar även de bästa strategierna att falla platt. Här handlar det om att bygga ett team som ständigt utvecklas. Kompetens är inte en lyx – det är en nödvändighet.

Bygg kompetens på tre nivåer:

1. **Erfarenhet:** Dra lärdomar från tidigare framgångar och misstag.
2. **Teori:** Håll teamet uppdaterat med de senaste insikterna och trenderna.
3. **Engagemang:** Inspirera medarbetarna att vilja växa både som individer och som en del av organisationen.

Kom ihåg Netflix. När de insåg att deras framtid inte låg i DVD-uthyrning utan i streaming, satsade de allt på att bygga kompetens inom teknik och kundbeteende. Genom att sätta ett tydligt mål – att bli världsledande inom underhållning – och skifta fokus till aktiviteter som stödde detta mål, revolutionerade de en hel bransch. Samtidigt investerade de i att bygga en organisation där innovation och lärande var centralt.

RAK i praktiken – Hur du applicerar modellen

1. **Börja med resultatet:** Sätt ett mål som är mätbart, utmanande och inspirerande. Tänk stort men konkret. Vad vill ni uppnå de närmaste sex månaderna?
2. **Definiera aktiviteterna:** Vilka insatser driver er mot målet? Identifiera och prioritera det som gör störst skillnad. Lägg all energi där och våga säga nej till distraktioner.
3. **Investera i kompetens:** Vad behöver teamet lära sig för att lyckas? Skapa en kultur där kontinuerligt lärande är normen.
4. **Följ upp och justera:** Använd regelbundna avstämningar för att säkerställa att ni är på rätt väg. Var inte rädd för att justera mål eller aktiviteter om ni upptäcker nya insikter.

Målsättningens sju frågor – Nyckeln till tydlighet

Att sätta mål handlar inte bara om att veta vad du vill. Det handlar om att svara på de sju frågor som bygger en stabil grund för framgång: Vad, Vem, Varför, Var, När, Hur och Med hjälp av vilka. Här är en snabbguide:
1. **Vad:** Vad vill ni uppnå? Var tydlig och konkret. Ett klart definierat mål fungerar som en GPS.
2. **Vem:** Vilka ska vara involverade? Rätt personer på rätt plats är avgörande.
3. **Varför:** Varför är detta mål viktigt? Ett starkt »varför« skapar engagemang.
4. **Var:** Var ska det hända? Identifiera området där förändringen behövs.
5. **När:** Vilken tidsram har ni? Ett mål utan deadline är bara en dröm.
6. **Hur:** Vad är strategin? Tydliga steg skapar tydlig riktning.
7. **Med hjälp av vilka:** Vilka resurser behöver ni? Det kan vara allt från teknik till kompetensutveckling.

Reflektion

Tänk dig att du står i köket och ska baka en kaka. Framför dig har du alla ingredienser, men inget recept att följa. Vad händer då? Troligtvis en röra – som kanske smakar okej, men som kanske också misslyckas helt. RAK är som ditt ledarskapsrecept: det visar dig steg för steg hur du skapar en framgångsrik organisation – precis som du följer ett recept för att skapa en perfekt kaka.

För att verkligen dra nytta av RAK, stanna upp och ställ dig själv dessa frågor:

- Vilket är mitt allra viktigaste resultatmål just nu?
- Vilka få aktiviteter behöver jag prioritera för att nå det?
- Vilken kompetens behöver jag och mitt team utveckla för att lyckas?

Skriv ner dina svar och använd dem som en kompass för att börja agera redan idag.

Slutsats: RAK är mer än en modell – det är ett mindset

Att arbeta med målstyrning handlar inte om att göra mer, utan om att göra rätt. Med RAK fokuserar du på det som verkligen spelar roll – resultat, aktiviteter och kompetens – och bygger en organisation som inte bara överlever, utan blomstrar. Frågan är inte om du kan lyckas, utan vad du kan åstadkomma när du använder rätt fokus.

Så nästa gång resultaten inte infinner sig, fråga dig själv:

- Har vi ett tydligt mål?
- Fokuserar vi på rätt saker?
- Har vi rätt kompetens?

Och kom ihåg: RAK är din kompass. Sikta framåt, ladda med energi och ta varje steg med mod och beslutsamhet!

Kapitel 6.

Krishanteringens ABC – Att agera med mod och värdebaserat ledarskap

Andning – Blödning – Chock.

Precis som i första hjälpen, där åtgärder sätts in för att stabilisera och minimera skador tills experthjälp anländer, gäller samma principer i krishantering. **Det handlar om att skapa klarhet, stoppa blödningar och hantera chock – med snabbhet och precision.** Med rätt strategi kan du vända en kris till en möjlighet.

1. Andning – Skapa klarhet och kontroll

När krisen slår till är det lätt att hamna i panikläge. Men som ledare är din första uppgift att ta ett djupt andetag och skapa lugn. Panik är smittsam – men det är lugn också.

- **Ta kontroll över situationen:** Vad vet vi? Vad är det viktigaste just nu?
- **Resonera framåt:** Strukturera argument och åtgärder med tre steg:
  - **Fakta:** Vad hände?
  - **Förklaring:** Varför hände det?
  - **Åtgärd:** Vad gör vi härnäst?
- **Bygg en tydlig kommunikationsplan** som ger teamet en känsla av riktning och säkerhet.

Exempel:
När en svensk sportkedja mötte kritik för bristande arbetsvillkor i sina fabriker, samlade ledningen snabbt in fakta och kommunicerade öppet:
- Vad hände? Inspektioner hade missat oegentligheter.
- Varför? De saknade resurser att följa upp tillräckligt.

- Vad gör vi? De implementerade omedelbart oberoende tredjeparts-granskningar och stärkte uppföljningsrutinerna.

Resultatet? En kris som kunde ha förstört deras rykte blev istället en möj-lighet att visa handlingskraft och förbättringsvilja.

2. Blödning – Hantera tid och argument under press

När tiden är knapp och pressen hög är det lätt att gå i försvarsställning. Men att skylla ifrån sig försvagar alltid din position. Här krävs mod och tydliga strategier.

A. Erkännandet som vapen

Ett snabbt och ärligt erkännande kan bygga förtroende. Ge rationella för-klaringar:

1. **Okunskap:** »Vi hade inte all information vid tidpunkten.«
2. **Bristande insikt:** »Vi förstod inte konsekvenserna fullt ut.«
3. **Resursbrist:** »Vi saknade rätt verktyg.«

Exempel:
När en välkänd svensk bank blev utsatt för ett dataintrång valde ledningen att erkänna problemen direkt:
- »Vi hade inte tillräckliga säkerhetssystem på plats, och det var ett miss-tag. Nu har vi gjort massiva investeringar för att det aldrig ska hända igen.«

B. Försiktig argumentation

Om ett fullständigt erkännande inte är möjligt, förklara vad som gick fel utan att underminera ditt ansvar:

- **Tidspress:** »Vi tog beslut under hög press, vilket ledde till misstag.«
- **Oerfarenhet:** »Vi saknade erfarenhet av denna typ av situation.«
- **Slarv:** »Det här var en miss som vi inte borde ha gjort.«

3. Chock – Håll huvudet kallt och agera med struktur

När krisen handlar om personliga attacker eller allvarliga felbeslut kan det kännas överväldigande. **Modellen Då–Nu–Sedan hjälper dig att behålla fokus och navigera även i pressade lägen.**

- **Då:** Vad hände? Hur såg situationen ut tidigare?
- **Nu:** Vad gör vi just nu? Vilka åtgärder har vi vidtagit?
- **Sedan:** Vad blir nästa steg? Hur undviker vi att detta händer igen?

SAS hanterar askmolnet 2010

När vulkanen Eyjafjallajökull i Island orsakade askmoln som lamslog flygtrafiken över hela Europa, befann sig SAS mitt i stormens öga. Tiotusentals resenärer var strandade, flygplan stod stilla, och kritiken haglade.

SAS valde en tydlig kommunikationsstrategi:

- **Då:** »Askregnet har orsakat att vi måste ställa in samtliga flygningar av säkerhetsskäl.«
- **Nu:** »Vi fokuserar på att hjälpa resenärer att hitta alternativ och erbjuder hotell och matkuponger.«
- **Sedan:** »Vi utvecklar ett nytt krisprogram för att hantera framtida katastrofer snabbare.«

Trots krisen vann SAS respekt för sitt tydliga, empatiska och handlingskraftiga agerande.

Sammanfattning: Krishanteringens kärna

Krishantering handlar om att agera snabbt men med eftertanke. Genom att **skapa klarhet, stoppa blödningar och hantera chocken** kan du inte bara hantera situationen – du kan också använda den för att bygga förtroende och stärka organisationen.

Ett värdebaserat ledarskap kräver mod att erkänna misstag, styrkan att fokusera på lösningar och empatin att se till både teamets och kundens behov. I varje kris ligger en möjlighet att göra skillnad – om du vågar ta den.

Krishanteringens interna kommunikation

Balans. Lugn. Tålamod. Tillit.

När det blåser stormigt måste ledaren bli en fyr – stadig, synlig och alltid riktad mot lösningen. I tider av osäkerhet är intern kommunikation inte bara viktig – den är avgörande. Låt tydlighet och framåtblickande åtgärder bli kompassen, medan konkreta aktiviteter blir rodret som styr organisationen rätt.

Och kom ihåg: Att tiga är inte guld i en kris. Det är bly. Osäkerhet fyller tystnaden snabbare än vad du hinner säga »Vi har kontroll«.

Översats – Låt fakta tala (utan krusiduller)

Innan lösningar ens nämns, lägg fakta på bordet. Förvandla »Vi tror att...« till »Vi vet att...«. Fakta är som en välputsad spegel – den reflekterar läget utan att försköna.

- **Omvärlden:** Inflation, räntor, eller något nytt »buzzword« som alla pratar om? Ge en realistisk bild av hur detta påverkar er.
- **Ekonomi:** Är det dags att tajta bältet eller släppa på snörena?
- **Produktportföljen:** Finslipa det som glänser och våga överväga att dumpa det som rostar.
- **Kompetens:** Är teamet rustat för utmaningen, eller behövs förstärkning?

Låt oss inte låtsas som att vi alltid vet allt. Interna möten där fakta saknas är som en blind som leder en annan blind – ni rör er kanske, men inte i rätt riktning.

Undersats – Sätt ljuset på nuet

Nu är det dags att zooma in. Vad gör vi idag? Vad prioriterar vi för att röra oss framåt? Ingen vill höra om framtidens drömmar om ingen agerar idag.

- **Fokus på lösningar:** Vilka projekt visar att vi inte står stilla? En organisation som rör sig framåt ger hopp.
- **Passivitetens fälla:** Varje gång vi drar i bromsen (permitteringar, stängningar) tappar vi inte bara fart – vi tappar energi.

Story: Virgin Trains stod inför en förarlös kris, bokstavligen. Genom att kommunicera dagligen och sätta ljuset på vad de gjorde för att lösa situationen (inte bara varför den uppstod) visade de att rörelse – även i kris – skapar riktning.

Slutsats – Inspirera till handling

Sätt en tydlig riktning med enkla scenarier som alla kan relatera till. Människor behöver inte flera nyanser av grått, de behöver tydliga val:
1. **Skär ner eller avveckla:** Förbered omvärlden och teamet om detta blir nödvändigt.
2. **Bibbla bibehålla:** Om status quo är målet, kommunicera varför.
3. **Expandera och växa:** Våga sikta högt, men visa hur det ska gå till.

När SAS hanterade pandemikrisen, hade de lika gärna kunnat säga: »Vi vet inte var flyget landar, men vi vet att det fortfarande lyfter.« Istället valde de tydliga scenarier och behöll personalens tillit.

Intern kommunikation i praktiken

»Ingen förväntar sig perfektion – men alla förväntar sig ärlighet.« Ge dina medarbetare information innan de hinner läsa den i tidningen. Om du inte leder berättelsen, gör någon annan det.

Exempel: SAS under pandemin. Genom dagliga uppdateringar och VD:s raka samtal visade de att transparens inte bara hanterar krisen, den stärker banden.

Kapitel 7.

Mentala strategier och beslutsfattande

Att fatta beslut är att forma framtiden.

Varje val vi gör, från morgonkaffet till dagens sista handling, bygger vår väg framåt. Beslutsfattande är inte bara en konst – det är en kraft som kan lyfta oss från osäkerhet till klarhet, från passivitet till framgång. Här är några kraftfulla strategier, berättelser och verktyg för att bemästra konsten att fatta beslut, även när pressen är som störst.

Historien om den kinesiske bonden

Det var en gång en kinesisk bonde som levde med sin son på en liten gård. En dag sprang deras enda häst iväg, och grannarna beklagade deras otur. Bonden log lugnt och svarade:
>»Tur – otur, vem vet?«

Några dagar senare kom hästen tillbaka, och med sig hade den fem vildhästar. »Vilken tur ni har!« utbrast grannarna. Bonden ryckte på axlarna och sa:
>»Tur – otur, vem vet?«

Kort därefter bröt bondens son benet när han försökte tämja en av hästarna. Grannarna suckade djupt: »Så hemskt!« Men bonden svarade:
>»Tur – otur, vem vet?«

En vecka senare kom armén för att rekrytera unga män till kriget, men bondens son fick stanna hemma eftersom han var skadad. Grannarna gratulerade honom: »Vilken tur!« Och bonden svarade, som alltid:
>»Tur – otur, vem vet?«

Lärdom:

Den här historien lär oss att det inte är vad som händer som definierar oss – utan hur vi hanterar det. Livet är en ständig balansgång mellan det väntade och det oväntade, och vår styrka ligger i att behålla lugnet, oavsett vad som sker.

Satya Nadella och Microsofts omvandling

När Satya Nadella tog över som VD för Microsoft 2014, stod företaget vid ett vägskäl. Företaget var fast i sina gamla framgångsmodeller och hade förlorat både marknadsandelar och anseende till konkurrenter som Apple och Google. Interna konflikter och prestigeprojekt hade hämmat utvecklingen i åratal. Många undrade om Microsoft ens kunde överleva som ledande techbolag.

Nadella insåg att för att rädda företaget krävdes modiga beslut och en tydlig ny riktning. Han gjorde något radikalt: istället för att försöka klamra sig fast vid Microsofts traditionella styrkor (som Windows och Office), satte han ett kompromisslöst fokus på molntjänster, AI och samarbete. Han lade ner gamla projekt som inte längre skapade värde och flyttade alla resurser till framtidens teknik.

Ett av hans mest kontroversiella beslut var att lansera Microsoft Teams som en direkt konkurrent till Slack, trots att många internt var skeptiska. Men Nadella såg potentialen och höll fast vid sin vision. Idag är Microsoft Teams en av de mest framgångsrika samarbetsplattformarna, och molntjänsten Azure är en ledande aktör globalt.

Resultatet?

Under Nadellas ledarskap har Microsoft förvandlats från ett stagnerande bolag till en innovationens gigant. Företaget är idag ett av världens högst värderade företag, med en kultur som främjar samarbete, nytänkande och lärande.

Vad kan vi lära oss?

- Radikala beslut kräver en stark tro på visionen, även när andra tvivlar.
- Att våga lämna gamla framgångar bakom sig är ibland nödvändigt för att skapa en ännu större framtid.
- Kulturen i en organisation är avgörande – när människor känner sig engagerade och inkluderade kan de åstadkomma fantastiska saker.

Beslutens konst – Från val till framgång

Vi lever i en tid av oändliga valmöjligheter. Enligt forskning fattar vi mellan 2 000 och 10 000 beslut per dag – från »Vad ska jag ha på mig?« till »Hur ska jag navigera min karriär?« Men här är problemet: Många av oss fastnar i obeslutsamhet, rädda att välja fel. Och vad händer då? Vi gör inget alls.

Men här är hemligheten: Beslut är inte perfekta – och de behöver inte vara det. Framgång handlar om att våga välja, även om vägen framåt är osäker. För om du inte rör dig framåt, står du stilla. Och om du står stilla, missar du chansen att växa.

Tre mentala strategier för bättre beslut

1. **Prioritera som en laserstråle, inte en glödlampa**
   Fokusera på det som verkligen betyder något just nu. Identifiera dina styrkor och sätt dem i relation till ditt mål. Som Sun Tzu sa för 3 500 år sedan:
   »Strategi utan taktik är en långsam väg till seger. Taktik utan strategi är bara ljudet före nederlaget.«
2. **Låt helheten leda**
   Tänk långsiktigt. Varje beslut bör föra dig närmare dina övergripande mål, inte bara lösa dagens problem. Framgång är som ett pussel – varje bit måste passa in i helheten.
3. **Var flexibel, men håll kursen**
   Livet är inte en rak väg. Lär dig anpassa dig till förändringar, men låt

aldrig kortsiktiga utmaningar få dig att glömma dina långsiktiga mål. Precis som i schack: Du kanske förlorar en pjäs, men spelet fortsätter.

Tre praktiska tips för bättre beslutsfattande

1. **Bestäm dig snabbt – obeslutsamhet är en tjuv på tid och energi**
   Låt inte rädslan för att välja fel hindra dig från att välja alls. Ett beslut är alltid bättre än inget beslut.
2. **Gör en enkel plus- och minuslista**
   Skriv ner fördelar och nackdelar. När du ser alternativen svart på vitt blir det lättare att se vilken väg som är rätt.
3. **Sov på saken**
   Ge din hjärna tid att processa. En natts sömn kan ge dig perspektiv och klarhet som inte finns i stunden.

»Framgång är inte slutgiltig, misslyckande är inte fatalt – det är modet att fortsätta som räknas.« – Winston Churchill

Sammanfattning: Mod att välja, styrkan att hålla fast

Beslutsfattande handlar om mod. Modet att välja en riktning, modet att hålla fast vid den och modet att justera om det behövs. När du lär dig att prioritera strategi framför taktik och långsiktighet framför kortsiktighet, bygger du inte bara framgång – du bygger något som håller för livet.

Så nästa gång du står inför ett beslut, stort som litet, ställ dig dessa frågor:
- Är detta i linje med mina långsiktiga mål?
- Tar jag ett beslut baserat på rädsla – eller på möjligheter?
- Vad kan jag lära mig, oavsett utgången?

Och viktigast av allt: Våga välja. För varje beslut är ett steg framåt, och det är i rörelsen vi skapar framtiden.

Avslutning för del 3: Att leda verksamheten – Din resa börjar här

Att leda en verksamhet är att vara kapten på ett skepp som navigerar genom en värld i ständig förändring. Det handlar inte bara om att följa en karta – det handlar om att rita om den när vinden vänder och vågorna slår. Det kräver mod att fatta svåra beslut, ödmjukhet att lära av varje situation och en glöd att driva framåt, oavsett utmaningar.

I denna del har vi utforskat grunderna för framgångsrikt verksamhetsledarskap:
- Hur du bygger strategiska grundstenar som ger riktning och stabilitet.
- Hur du omfamnar agilitet och lär dig att dansa med förändringen.
- Hur du vågar välja tillväxt och förvandla hinder till möjligheter.
- Hur du balanserar ledarskapets motsatser – att delegera med tydlighet och fatta kompromisslösa beslut när det krävs.
- Och hur du med hjälp av RAK-modellen skapar klarhet i mål, aktiviteter och kompetens för att uppnå långsiktiga resultat.

Men ledarskap är mer än strategier och modeller. Det är en resa som börjar i ditt hjärta och sträcker sig ut till hela organisationen. Det är ett värdebaserat åtagande – att vara den som vågar se längre, inspirera större och skapa en kultur där varje person känner sig som en del av något större.

När du nu sluter denna del och blickar framåt, fråga dig själv:

- Vad är det viktigaste jag vill lämna efter mig som ledare?
- Hur kan jag inspirera mitt team att nå sin fulla potential?
- Vilket avtryck vill jag att vår verksamhet ska göra i världen?

Som Lao Tzu så träffande uttryckte det:
> **»När en bra ledare gör sitt arbete känner människorna att de gjort det själva.«**

Du har kraften att vara den ledaren. Den som inte bara driver verksamheten framåt utan också skapar mening, hopp och inspiration längs vägen.

Din resa börjar här – och framtiden väntar på att formas av ditt mod och din vision.

Så ta rodret. Sätt kursen. Och segla mot horisonten med mod, tydlighet och en stark tro på vad du och din verksamhet kan åstadkomma.

Reflektionsfrågor – Ta ditt ledarskap till nästa nivå

1. **Vilken strategisk grund behöver jag förstärka?**
   - Finns det en tydlig riktning för min verksamhet, och hur säkerställer jag att alla i teamet förstår och delar den visionen?

2. **Hur kan jag bli mer agil som ledare?**
   - Hur snabbt anpassar jag och min organisation oss till förändringar, och vilka konkreta steg kan jag ta för att stärka vår flexibilitet?

3. **Vilka hinder kan jag vända till möjligheter?**
   - Identifiera ett aktuellt problem i din verksamhet. Hur kan du använda begränsningar som en kreativ kraft för att hitta innovativa lösningar?

4. **Hur balanserar jag långsiktig tillväxt med dagliga utmaningar?**
   - På vilka områden kan jag bli bättre på att delegera och skapa tydligare prioriteringar för att både hantera det akuta och bygga för framtiden?

5. **Hur tillämpar jag RAK-modellen i min organisation?**
   - Vad är det viktigaste resultatet jag vill uppnå de kommande sex månaderna? Vilka aktiviteter och vilken kompetens krävs för att ta oss dit?

Slutord: Led På Riktigt - Eller Kliv Åt Sidan

Ledarskap handlar om en sak: Action. **Det är alltid action som skiljer människor åt.** Alla kan snacka. Alla kan hålla snygga föredrag om värderingar, visioner och teamkänsla. Men vem gör det? Vem kliver in i ringen och tar ansvar? Vem står kvar när det blåser? **Där har du skillnaden mellan snack och ledarskap.**

Vill du vara den som sitter på bänken och analyserar? Eller vill du vara den som kliver in och styr matchen? Det är ditt val. **Men kom ihåg: inget händer förrän någon gör något.**

Den här boken har gett dig verktygen. Hur du leder dig själv, hur du lyfter andra, hur du bygger en verksamhet som faktiskt betyder något. **Men ingen bok i världen kommer att leda åt dig. Det måste du göra själv.** Det är enkelt: **Antingen agerar du, eller så gör du det inte.**

Vill du skapa resultat? **Då är det dags att släppa handbromsen.** Ställ dig framför spegeln och fråga dig själv: **Är du redo att leda på riktigt?** För om du inte är det, då är det dags att kliva åt sidan och låta någon annan ta över.

Men om du är redo? Anamma modet och kliv in på arenan på nästa nivå, livet är kort och oförutsägbart.

Lycka till!